NAGORI

COLECCIÓN FUERA DE SERIE, 9

Ryoko Sekiguchi

NAGORI

LA NOSTALGIA POR LA ESTACIÓN QUE TERMINA

TRADUCCIÓN DE REGINA LÓPEZ MUÑOZ

EDITORIAL PERIFÉRICA

PRIMERA EDICIÓN: febrero de 2023
TÍTULO ORIGINAL: *Nagori. La nostalgie de la saison qui vient de nous quitter*
DISEÑO DE COLECCIÓN: Julián Rodríguez

info@editorialperiferica.com
www.editorialperiferica.com

ISBN: 978-84-18838-69-9
DEPÓSITO LEGAL: CC-12-2023
IMPRESIÓN: KADMOS
IMPRESO EN ESPAÑA – PRINTED IN SPAIN

PRÓLOGO

Como suele ocurrir con mis libros sobre el gusto, que surgen a partir de una frase, de una palabra oída al azar, en esta ocasión la idea de escribir sobre las estaciones me la inspiró la frase de un cocinero.

Una tarde, hace ya algunos años, estaba yo en una taberna a la que solía ir cuando regresaba a Japón. Me encantaba sentarme en la barra, justo enfrente del cocinero, que tendría unos sesenta años. Era un espectáculo y una auténtica clase de cocina cada vez. Se contaba que el hombre había trabajado mucho tiempo en un afamado restaurante de alta cocina, pero después, quizá para cocinar *a su manera*, en un espacio más acorde con su personalidad, regentaba una taberna popular, siempre abarrotada, en el extrarradio tokiota. Debo decir que sus platos no sólo eran reconfortantes, sino que la finura de sus asociaciones gustativas reflejaba una formación sólida y la profunda cultura de la persona que los elaboraba. Por lo demás, lo que él mismo me contaba dejaba entrever una gran familiaridad con la literatura culinaria histórica.

Un día que estaba yo sentada en la barra de ese local, el Kyūshō, como siempre frente al cocinero, Mitsuo Fujinaga me sirvió un plato a base de verdura que no parecía ser de temporada. Intrigada, le pregunté y él contestó: «Señorita, soy mucho mayor que usted y no sé si podré volver a saborear esta hortaliza el año que viene».

Cuando hablamos de alimentos, la cuestión de las estaciones enseguida nos viene al pensamiento. Ni que decir tiene que conviene utilizar y consumir productos de temporada. Pero ¿qué es exactamente un *producto de temporada*? ¿El producto tal y como lo encontramos en los mercados? ¿Cuando hace su primera aparición anual? ¿En qué región? ¿Cuál es la distancia máxima que puede recorrer un fruto denominado *de temporada*? ¿En qué punto de su ciclo vital dejan de ser *de temporada* los tubérculos y los cítricos, que se conservan varios meses? ¿En qué momento estará *de temporada* determinada especie de pescado, y cómo definirla? Puede que las nociones *de temporada* y *estación* sean mucho más complejas de lo que aparentan a primera vista.

En los territorios que se caracterizan por períodos climáticos muy diferenciados, estos conceptos están muy presentes. Lo que se nos olvida a menudo es que las estaciones sólo guardan relación con el alimento a partir del momento en que es posible desplazarlas, alterarlas, jugar con ellas. Hubo un tiempo en el que sólo podíamos proveernos de lo que la naturaleza tuviera a bien ofrecer. Digamos que en aquel entonces la noción de *fuera de temporada* no existía. Se hablaba más de *contratemporada*, algo que designa no lo que se halla *en los márgenes* de la temporada, sino lo que es *contra natura* y por tanto inquietante, incluso reprobable. Las añadas calurosas o frías y sus efectos sobre las cosechas, la recolección y la vendimia, adelantadas o retrasadas, junto con las variaciones de un rendimiento que podía caer hasta índices de carestía, formaban parte del *ritmo de la naturaleza* y sus vicisitudes. Estábamos a merced de las estaciones.

Hoy en día, irónicamente, se predica por todas partes el respeto a las estaciones, en un tiempo en que en teoría es posible cultivar fruta y verdura en todo momento, e importarla desde cualquier punto del planeta. Desde luego, el mandato no carece de fundamento. El problema es que a menudo se interpreta como un imperativo indiscutible que debemos obedecer a pies juntillas. Como si hubiera que caminar al paso de las estaciones. Sin embargo, la estación no es en absoluto ni un metrónomo ni un batallón; la idea de generar una línea recta, sin perturbaciones, le es totalmente ajena.

En ocasiones nos hacemos una representación fija de la duración de las épocas del año, como si ésta se definiera por decreto, o a imagen de un calendario escolar; sin embargo, la estación no obedece ni ha obedecido nunca a ese orden.

En la actualidad, por paradójico que resulte, se ha convertido en un lujo comprar productos de temporada, denominación que excluye los productos congelados, las conservas y los cultivos industriales.

Se nos vienen a la cabeza todos esos cuentos, tanto infantiles como para adultos, que escenifican la búsqueda de un producto fuera de temporada, a menudo como una cuestión de vida o muerte. Bien lo decía el cocinero del Kyūshō: servir una hortaliza en las postrimerías de su temporada puede ser un lujo en sí mismo. Dudar si viviremos aún para presenciar el regreso de una determinada estación es desear ya la estación que no hemos conocido o querer prolongar la que se termina.

Alterar las estaciones, desbaratar la sucesión del tiempo y sus etapas es la expresión de una gran fantasía para nosotros, los mortales, que estamos obligados a seguir el curso de un tiempo que corre en sentido único. Mientras dura la degustación, nos liberamos de nuestra temporalidad. Desear una naranja en pleno verano es desear vivir hasta el invierno, negarnos a hacer del momento presente la *última estación*.

I
¿CUATRO ESTACIONES, VEINTICUATRO ESTACIONES, SETENTA Y DOS ESTACIONES?

En ocasiones asumimos que ciertos conceptos que consideramos fundamentales para la vida son universales, y nos sorprendemos cuando descubrimos que no se aplican en todo el mundo. Es lo que sucede, por ejemplo, con las nociones de *sociedad*, *libertad* o *amor*, que en japonés sólo existen desde la apertura del país durante el siglo XIX, como conceptos traducidos de las lenguas europeas. Esta constatación asombra aún a quienes no son japoneses.

Del mismo modo, cuando vivimos en un lugar con períodos estacionales bien diferenciados, tendemos a olvidar que no sucede lo mismo en todas partes.

Muchos son los países que poseen sólo dos estaciones: la cálida y la fría; o bien dos caracterizadas más por la variación en los índices de humedad o el volumen de precipitaciones que por las temperaturas (que cambian como consecuencia secundaria). Es lo que ocurre en la sabana tropical: estación de lluvias y estación seca. Lo mismo pasa con la temporada de monzones en Indonesia, Martinica o Miami. Esta particularidad climática también puede generar variaciones que dan lugar a tres estaciones, como en Myanmar –con la estación fresca, la cálida y la de lluvias– o en el sur de Tailandia, donde hay temporada seca, cálida y de lluvias.

Hubo un tiempo en que iba a Mali con regularidad. A finales de noviembre, cuando concluye la estación de lluvias, el sol brilla de la mañana a la noche, la temperatura sube gradualmente según pasan los días casi de un modo ininterrumpido, la tierra se aridece cada vez más, el nivel de los ríos mengua poco a poco, el verdor va desapareciendo y, al cabo de cinco meses, el ciclo se completa y hete aquí que vuelven las lluvias. Tras el primer aguacero torrencial, la tierra recobra su frescura y hacen su aparición los primeros brotes, hasta que la abundancia de precipitaciones se vuelve excesiva y desencadena un incremento de la humedad, y a veces inundaciones.

En Bogotá, la capital de Colombia, la temperatura no parece sufrir cambios: oscila de media entre los dieciocho y los veintiún grados a lo largo de todo el año, con nieblas dos de cada tres días. Para experimentar otras temperaturas, otra estación, es preciso desplazarse en vertical, con arreglo a las características del clima de montaña. Cuanto mayor es el ascenso, menor la temperatura, y a medida que nos dirigimos a las tierras bajas nos encontramos con una estación más suave.

Nada nuevo bajo el sol; es lo que nos enseñan en las clases de Geografía de la escuela. Pero eso no quita que nos cueste una barbaridad entenderlo o, mejor dicho, integrarlo en nuestro cuerpo, en nuestra imaginación concreta.

En lo que a las estaciones se refiere, todos manifestamos esta tendencia un tanto sectaria que consiste en pensar únicamente a partir de nuestra experiencia personal. A este respecto, por lo demás, nos cuesta horrores aclimatarnos a la más ínfima variación. No es inhabitual ver a un expatriado luchando contra las estaciones de su tierra de acogida aun al cabo de muchos años. Ni siquiera hay que marcharse del país natal: no es raro que sintamos nostalgia de nuestra región de origen, abandonada por exigencias profesionales, por ejemplo. Aunque la noción y la sensación estacional, incluso su realidad climática, puedan ser múltiples y variadas en una misma región, nos gusta generalizar y quedarnos con la imagen de las estaciones que nos resultan familiares.

Un día, la dueña de una posada ubicada a una hora y media de Kioto me dijo: «Aquí, la primavera llega más tarde que en la ciudad porque estamos al pie de la montaña y hace más frío. Pero los clientes kiotenses olvidan que a una hora y media de tren el clima puede cambiar, y se sorprenden cuando les servimos un plato de verduras que ellos ya consideran *fuera de temporada*. Yo les pido perdón y les ruego que sean indulgentes con la naturaleza».

Los franceses se escandalizan muy fácilmente al ver fresas en marzo, tomates en invierno o albaricoques meridionales en abril. La indignación está del todo justificada cuando denuncia los sabores insulsos y los métodos de cultivo industrial, o el inoperante transporte de fruta desde el extranjero. Pero, en verdad, ¿no se trata de entrada de un sentimiento de rechazo casi instintivo ante esa fruta *fuera de temporada* cuya visión nos disgusta, en virtud de la idea de temporada a la que la vinculamos? ¿No genera una sensación de malestar ver la fruta salirse del marco en que la clasificamos en nuestro imaginario de las cuatro estaciones?

La hipótesis resulta fácil de demostrar a poco que pensemos en esas frutas denominadas *exóticas*. A nadie le escandaliza la presencia constante de plátanos en los mercados, y pocos son los que aluden a la huella de carbono de los mangos o la piña, como sí sucede con las fresas y las cerezas, o los que se irritan por comerlos *fuera de temporada*. ¿Cuántos de nosotros conocemos la estacionalidad del kiwi? Mejor aún: ¿a quién le preocupa conocerla? ¿Formulamos un deseo cuando comemos el primer kiwi del año? Eso es porque lo consideramos una fruta tropical. Sin embargo, el kiwi se cultiva generosamente en Europa, Francia incluida. Si encarna una presencia constante en los mercados es porque se conserva largo tiempo, dos o tres estaciones. Entonces, ¿cuál es a fin de cuentas la temporada del kiwi?

La relación entre producto y temporada es aleatoria y extremadamente simbólica. Es como si ciertos productos tuvieran el honor de recibir un tratamiento conforme a las leyes de una estacionalidad inquebrantable (cerezas, higos, espárragos, guisantes... en Francia, las más de las veces, fruta y verdura de primavera o de verano: la juventud de las cuatro estaciones), cuando otros están completamente exentos de cualquier simbolismo estacional (aguacates, manzanas, plátanos, jengibre...). ¿Quién es capaz de distinguir las variaciones en el sabor del aguacate, según la época del año y según su origen?

De los japoneses se dice a menudo que son muy sensibles a los diferentes períodos estacionales, cualidad de la que presumen mis compatriotas. La gente se maravilla cuando descubre que el calendario tradicional japonés comprende veinticuatro estaciones que pueden llegar a ser setenta y dos, y que cada una de ellas posee una denominación sugerente y evocadora del momento del año que le corresponde. En cierto modo, viene a ser como afirmar que, cuantas más estaciones, mejor.

Huelga decir que el sistema del calendario no abarca con exactitud la noción de lo estacional. En un calendario lunar como el islámico, el año sólo tiene trescientos cincuenta y cuatro días, y cada año se retrasa. Esto no quiere decir que quienes se rigen por ese calendario carezcan del concepto de estación. La mayoría de los calendarios están vinculados a rituales religiosos, a fenómenos astrológicos y naturales, o a una combinación de todo lo anterior. Las culturas que han adoptado el calendario agrícola tradicional transmiten la impresión de estar más en sintonía con las estaciones.

El sistema japonés, que consiste en dividir el año en veinticuatro o setenta y dos segmentos (por tanto, fundamentados siempre en las cuatro estaciones), y que aparenta ser el *summum* de la sofisticación, no nació en Japón. Viene de China, y su creación se explica por el prurito de ajustar un calendario lunar que cambiaba de un año a otro, de modo que nunca se ha adaptado al clima japonés.

Como es natural, no tiene ningún sentido ponderar un calendario en virtud de la abundancia de subdivisiones.[1] Si los franceses hubieran conservado el calendario revolucionario, ¡disfrutarían cada día del nombre de un fruto o un animal!

Al mismo tiempo, no se puede negar que dar nombres evocadores de fenómenos naturales a esas incontables estaciones ha debido de contribuir al desarrollo de la sensibilidad a los ínfimos cambios del tiempo que pasa. Algunos de esos veinticuatro términos se han integrado en la vida cotidiana y todavía los empleamos, por ejemplo, en las fórmulas del

[1] Este sistema se introdujo en Japón siglos atrás, y los antiguos lo manejaban, pero desde su reaparición, hace menos de diez años, se ha transformado en un auténtico glosario para superventas. Basta con observar cómo proliferan en Japón las nuevas publicaciones sobre el tema: *La vida según el calendario antiguo*, *La cocina de las veinticuatro estaciones para el éxtasis del cuerpo*, *El calendario de las setenta y dos estaciones para apreciar las estaciones*, *El libro de las veinticuatro o setenta y dos estaciones para conocer la belleza de Japón*, *Dibujar las veinticuatro estaciones*, ¡y hasta *Las veinticuatro estaciones ilustradas* para niños! Esta moda pone de manifiesto cierta nostalgia tradicionalista por el Japón de antaño (tendencia que, por regla general, está en auge), como una voluntad de cerrar los ojos al Japón de hoy en día, exhausto y maltrecho, y el deseo de restablecer una temporalidad desajustada con respecto a las demás. Insinúa también un movimiento de repliegue, a través de la reinvención de unas virtudes que tienden a soliviantar el orgullo nacional, en menoscabo de las otras culturas.

correo formal. Por otra parte, las capitales históricas (Kioto, Kamakura y Edo, actual Tokio) gozan de un clima templado, con cuatro temporadas bien diferenciadas, aptas para suscitar toda una literatura ligada a las diferentes épocas del año.

La sensibilidad nace de las palabras: no sabemos percibir aquello que carece de nombre. Si tuviera que tomar partido por el huevo o la gallina, diría que es sin duda la literatura, lo escrito, lo que ha forjado la conciencia y el imaginario estacional para los japoneses. En el *Man'yōshū* –la antología poética más antigua que se conserva, del siglo VII–, sus más de cuatro mil quinientos poemas se clasifican por estaciones, y en el siglo X se registran ya algunas palabras asociadas expresamente a una determinada. En los tiempos medievales, la estética característica de las *palabras de estación* es objeto de no pocos debates poéticos.

El mejor ejemplo lo tenemos en el nacimiento del haiku. Es evidente que la naturaleza ha proporcionado grandes temas poéticos a la mayoría de las civilizaciones. Sin embargo, en la poesía japonesa goza de un estatus especial. Al instaurar, además del número de sílabas, esa restricción formal que consiste en integrar de manera sistemática una palabra relativa a la estación, y al establecer dichas palabras de estación como un auténtico repertorio codificado, la poesía japonesa convirtió la estación en un dispositivo literario práctico que permite introducir variaciones en esa forma tan breve y a la vez agudizar el sentido literario de la microestación.

Partiendo de esta base, el mundo en su totalidad se presta a la clasificación atendiendo a su estacionalidad: plantas, peces, animales, climas, pero también rituales y, en la actualidad, los momentos clave del calendario escolar o laboral (así, *manifestación del Primero de Mayo* está catalogada como palabra de primavera). Vestimentas y accesorios varios, enfermedades estacionales, torneos deportivos... todo se puede organizar según su propia estación. Incluso los fantasmas entran en la categoría de las palabras de verano, pues la festividad en honor a los antepasados se celebra en agosto; y en un haiku puede aludirse al 14 de Julio (la denominada *fiesta parisina*) porque también forma parte de las palabras de verano.

La extrema popularidad de los haikus se debe a la sencillez de su forma; en Japón, cualquiera puede componerlos. En la medida en que quienes los escriben comparten un mismo vocabulario codificado de las estaciones, el haiku ha venido a construir un universo de lenguaje estacional de lo más sorprendente. En ese sentido, podemos afirmar que los japoneses son «sensibles a las estaciones». Están acostumbrados a asociar las palabras a una época del año concreta,[2] cuando no se trata lisa y llanamente de una muletilla. Nótese que este vocabulario, que bebe del imaginario colectivo de los cuatro períodos estacionales, no refleja las diferencias climáticas que se dan entre las regiones de Japón. Le corresponde a cada cual construir y amoldar su vocabulario a su sensibilidad y su realidad climática particulares.[3]

En cada cultura, la literatura construye un acervo de vocabulario propio para expresar cierta sensibilidad a las estaciones de su entorno. En este sentido, tanto da cuántas haya: hasta para quienes residen en territorios que conocen una única estación a lo largo del año –puede que incluso con más razón– debería ser posible desarrollar una sensibilidad a las más ínfimas oscilaciones del mundo.

[2] La dorada de primavera, por ejemplo, se conoce como *sakura-dai*, «dorada de la flor de cerezo», y un plato que contenga rábano rallado se denominará *mizore-ae*, «mezcla con nieve húmeda», en invierno, pero *kasumi-ae* («mezcla con niebla») en primavera.

[3] En Okinawa, donde el clima difiere mucho del de la isla principal, se publicó hace no mucho un compendio de palabras de estación okinawenses, propias de la isla. En un artículo del diario *Nikkei* publicado el 25 de agosto de 2017, un poeta pone el ejemplo de un haiku en el que describe la palidez de un cielo nocturno donde se ve un cumulonimbo. Cuando la composición salió en una revista de haikus del oeste de Japón, los demás poetas consideraron la imagen poco realista, a pesar de que refleja bien el paisaje okinawense.

Es más, podemos sentirnos inspirados por un universo estacional que no se corresponde con la realidad de nuestro entorno. Muchos autores francófonos formados en escuelas francesas con libros de texto procedentes del Hexágono relatan la fascinación que de niños les provocaba la alusión a unas hojas muertas o a una nieve que no existían en su tierra natal. ¿Cómo serían esas bolitas de copos blancos, frías al tacto, que parecían sorbetes y caían del cielo? Las estaciones que no vivimos en la realidad las vivimos de igual modo a través de las palabras.

II

LO QUE CORRE, FLORECE, DEJA EL RASTRO DE SUS OLAS

Que los japoneses tienen una relación peculiar con las estaciones es de sobra conocido, incluso en Francia, y existen no pocos textos sobre el tema. Menos popular, en cambio, es un concepto que vale la pena mencionar y que podríamos definir como *vida de una estación*. No sólo el año, con su ciclo de cuatro estaciones, se equipara con la duración de una vida humana: cada estación contiene una vida entera, atravesada por diversos seres vivos, cada cual dotado de vida propia.

Así, existen tres términos diferenciados para describir en qué estado de la estacionalidad se encuentra un alimento: *hashiri*, *sakari* y *nagori*. Designan, respectivamente, el equivalente a «primeros frutos», a «plena temporada», y el último, *nagori*, al final de la temporada, «la nostalgia por la estación que termina».

Los dos primeros términos son fáciles de entender: el inicio de la temporada y su apogeo son, qué duda cabe, nociones que muchas culturas comparten. Más complicado resulta hallar un equivalente para el último, *nagori*. Un fruto de *nagori* es, por ejemplo, un fruto al final de su temporada, el fruto sobremadurado. Se despide de nosotros hasta el año siguiente y por ello nos inspira nostalgia.

Estas tres palabras se aplican en otros ámbitos, más allá de la temporalidad de los alimentos. *Hashiri*, que es la sustantivación del verbo *hashiru*, «correr», designa tanto la acción de correr como algo que resbala, pero también aquello que es precursor, de ahí el sentido de «avanzadilla» o de «inicio de temporada». *Sakari* significa «el apogeo», «el culmen», y designa también a los animales en celo. No cuesta intuir las connotaciones de estos dos términos.

Nagori, sin embargo, posee un significado mucho más amplio. Alude principalmente a la huella, la presencia, la atmósfera de algo pasado, de algo que ya no está. Podemos hablar en este sentido de una ciudad que ha conservado aires de villa medieval o de una vivienda que evoca el gusto y el ambiente de quienes la habitaron en otro tiempo.[4] *Na-*

[4] La novela de Kazuo Ishiguro *The Remains of the Day* (en castellano, *Los restos del día*) se titula en japonés *Hi no nagori* («El *nagori* del día»).

gori designa también las consecuencias, los daños o las secuelas de un acontecimiento, como el *nagori* de un terremoto o de una enfermedad.

Por extensión, *nagori* puede nombrar «lo que queda», persona u objeto, lo que subsiste en el mundo en el lugar de una persona fallecida, como un niño recuerda a sus difuntos padres a quienes los conocieron.[5] Puede aludir asimismo al momento de la separación o al final de la vida. O al estado de algo que persiste, como esas pocas flores que permanecen en el árbol al término de la estación.

Nagori no se utiliza únicamente en situaciones concretas: puede emplearse con el verbo *nagori wo oshimu*, «añorar un *nagori*», con el sentido de «entristecerse por una separación, por una despedida». El objeto del *nagori* puede ser un lugar, una persona, una estación o incluso objetos o acciones que evoquen todas esas cosas.

Abundan las expresiones idiomáticas con *nagori*. Por un lado, puede tratarse de un fenómeno que perdura más allá de su tiempo, contra todo pronóstico, como *nagori no yuki*, «nieve de *nagori*», a saber, la nieve que persiste tras la llegada de la primavera o la que cae en primavera; o bien *nagori*

[5] Existe otro término para expresar esta idea: *katami*, que quiere decir «lo que evoca la persona (la figura, *kata*) cuando la observamos (*mi*)».

no tsuki, «luna de *nagori*», la luna que aún se distingue al alba.

Por otra parte, puede encarnar una nostalgia o una añoranza que se refleja en un objeto o un paisaje. Como en la expresión *nagori no sora*, «cielo de *nagori*», que no designa ese cielo estival que permanece luminoso muchas horas, sino el cielo tal y como lo vemos cuando nos separamos con pesar de alguien, o el cielo de la Nochevieja, que contemplamos con el sentimiento del año que concluye. *Nagori no sakazuki*, «el cáliz de *nagori*», es como se denomina el brindis de la despedida y evoca el hecho de «beber un último trago con alguien, la noche del adiós, con la emoción de la nostalgia».

En la ceremonia del té hay un ritual muy específico llamado *nagori no cha*, «té de *nagori*»: se trata de la ceremonia que se celebra en otoño, con los restos del té del año anterior. Sólo a partir de noviembre se bebe el té nuevo. *Nagori no cha* es, por tanto, el final del té del año en curso dentro del ciclo de esta hierba, antes de inaugurar un nuevo año con las hojas frescas, de ahí que el mes de octubre sea conocido como «el mes de *nagori*» y se escojan utensilios, un espacio, un atuendo de estilo sobrio y, para decorar, flores que también son de *nagori*, las que resisten después de que haya transcurrido su estación.

En el *nagori* se entreveran apego, nostalgia y temporalidad.

Nagori evoca, ya nuestra nostalgia por algo que nos abandona o que nosotros abandonamos, ya la noción de algo que trasciende ligeramente su estación, como si ese algo (flores o nieve, por ejemplo) abandonara de mala gana este mundo y la estación que le es propia. Tanto la cosa contemplada como la persona que la contempla experimentan la pesadumbre de la partida.[6]

La etimología de la palabra se remonta a *nami-nokori*, «vestigio de las olas», que designa el rastro que deja el oleaje después de retirarse de la playa. Esto incluye tanto la huella de las propias olas, esos surcos inmateriales dibujados sobre la arena, como las algas, las conchas, los trozos de madera y los guijarros que quedan a su paso. No hay razón ni lógica detrás de esa acumulación de sedimentos, pero, una vez que aparece, se asienta ahí durante un tiempo, efímera.

En la actualidad, el término se deletrea *na-gori*, «el nombre que permanece». Aunque no reflejen el

[6] *Kokoro-nokori*, «dejar el corazón», expresión que representa el pesar, no se aplica a los objetos ni a los fenómenos naturales; al ser fundamentalmente homocéntrica, no posee un significado tan amplio como *nagori*.

origen de la palabra, me parece que estos caracteres inducen una imagen muy evocadora del *nagori.*

Nuestras emociones no se mueven con tanta facilidad. Por vivas y reactivas que sean, son mucho más lentas que nuestro cuerpo a la hora de desprenderse de una persona o de un lugar. Siempre nos acompañan, unos pasos por detrás de nosotros.

Este complejo y delicado concepto se ha desarrollado ampliamente en las artes en general, tanto en poesía como en relatos y novelas, e incluso en pintura y obras teatrales. *Nagori* es un poco la *saudade* japonesa, con la diferencia de que las emociones que suscita son bien distintas. Implica una suerte de resignación, la idea de un destino que no se puede modificar. Dejamos una parte de nosotros mismos en la cosa, en el mundo, en la belleza y en el corazón del ser amado. El corazón que experimenta el *nagori* es generoso, por no decir animoso: no teme entregarse a esas pequeñas cosas insignificantes, no necesariamente dramáticas pero sí frágiles y delicadas, que componen nuestra vida.

Huelga decir que el *nagori* no es ajeno al ámbito que nos ocupa, el de los alimentos, tan profundamente ligados a la naturaleza y las estaciones.

Cuando *nagori* va aparejado a un fruto de temporada, añoramos la estación que se va, y el sabor de ese fruto viene a reflejar, a encarnar la estación o, más concretamente, la estación en *el final de su vida*. A las puertas de la estación siguiente, o metidos ya de lleno en ella, remoloneamos un instante con ese fruto que se ha quedado un ratito más para despedirse en el umbral, pensamos en la estación pasada, y la nostalgia nos oprime el pecho.

Puede que el fruto de *nagori* no sea tan jugoso como el de *sakari* ni tan turgente como el producto temprano, el *hashiri*, pero ha ganado en gravedad y en hondura. En ese sistema de cuatro estaciones que, como en Occidente, se suele interpretar como una alegoría de la vida humana, cada una de ellas presenta una vida propia. Y *nagori* llega hacia el final de la estación, hacia el final de su vida.

En un plato de *nagori*, a la vez que se establece un vínculo con aquello que rinde la naturaleza, entra en juego algo que no pertenece meramente al orden de lo gustativo. Nos enfrentamos a la estación que nos dice adiós o de la que nosotros nos despedimos, y las idas y venidas del recuerdo se asientan, como olas, con cada bocado.

III

EXTRAMUROS

Nagori destaca entre los términos de la temporalidad. Por un lado, al estar a caballo entre dos estaciones, altera la representación estática que nos hacemos de su división. Por otro lado, nos da una idea del carácter eminentemente frágil y valioso de esa transición de una temporada a la siguiente y nos permite prolongar el momento de la despedida de la estación que concluye.

En efecto, conviene recordarlo: en otros tiempos, las diferentes épocas del año poseían todas las características de un hado. Mientras nos hallábamos inmersos en una de ellas, era impensable pasar a otra mediante el clima o el alimento. Si nos remontamos más aún, no sólo no se podía vivir más que una estación cada vez, sino que era imposible imaginar que otra pudiera existir simultáneamente sobre la faz de la tierra, en otro continente.

En la actualidad, el aumento de la movilidad ha modificado la noción de estación. Podemos traer productos de tierras remotas, de otro clima y de otra temporada, o bien podemos desplazarnos nosotros hasta ellos; si lo deseamos, bastan unas pocas horas de avión para aterrizar en otra estación.

Ni siquiera los defensores acérrimos del *producto de temporada*, que condenan la verdura importada por su huella de carbono, se escandalizarían ante la idea de desplazarse en avión o de pasar sus vacaciones en un lugar donde reina otra estación. Nos olvidamos enseguida de que nuestros antepasados sólo podían vivir en la estación presente. Como si, ahora que es posible jugar con la propia vida, esa posibilidad misma la hubiera vuelto banal.

Desde luego, esto no significa que la agricultura haya dejado de avenirse con las estaciones. Una noche de helada puede provocar que caigan las flores de los árboles frutales y, por ende, malograr la cosecha anual. Hubo un tiempo en que la pérdida de esa fruta y esa verdura era sinónimo de hambruna. Al perder el fruto de la cosecha, moríamos, conocíamos el mismo destino que las plantas y el ganado que de ellas se alimentaba. Ahora, cuando una región sufre sequías o lluvias torrenciales, por olas de frío o de calor, son las plantas y los árboles los abandonados, junto con sus agricultores, y nosotros nos proveemos de alimentos procedentes de otros lugares si tenemos la suerte de vivir en un país lo bastante rico para poder permitírselo. Se nos olvida que, en otros tiempos, éramos tan frágiles como la fruta y la verdura.

Las estaciones eran un destino. Sólo era posible vivir al ritmo que ellas marcaban. En la actualidad, contemplamos su belleza y disfrutamos de las actividades deportivas que se asocian a sus condiciones naturales, como el esquí, el surf o el senderismo, porque somos menos vulnerables a sus caprichos. En los países septentrionales, el invierno fue durante mucho tiempo una cuestión de mera supervivencia y no un paisaje para admirar, y en los países meridionales el verano equivalía a carestía e incendios. Si los japoneses pudieron hacer de las cuatro estaciones un principio estético fue probablemente porque, en un clima templado, éstas tienden a ser menos crueles, sobre todo en las capitales históricas. Al mismo tiempo, no nos hemos librado de las sequías, el exceso de precipitaciones, las heladas y los tifones, por no hablar de tsunamis y demás catástrofes naturales, que siempre llevan aparejadas hambrunas y desolación.

En Japón, de la misma forma en que el *hanami* (*hana*, «flor»; *mi*, «ver») consiste en contemplar los cerezos en flor, existe la costumbre de admirar la belleza de la nieve: *yukimi* (*yuki*, «nieve»). Hay incluso ventanas concebidas a tal efecto, las *yukimi-mado*. En un *shōji* (mampara corredera de papel), se acondiciona una parte acristalada que permite observar la nieve. Hay que reconocer que esta costumbre, muy característica de Kioto y digna de celebrarse como el colmo de una estética en ósmosis con la naturaleza, no tiene equivalente en el norte de Japón, donde aún hoy en día la población se protege a partir de noviembre contra unas nevadas que pueden alcanzar más de dos metros de grosor. Por dar un ejemplo de lo contrario, es de sobra conocido que, en la cultura árabe, en contacto con climas tórridos, la belleza la representa la luna y no el sol, astro despiadado que quema todo a su paso.

Nuestros antepasados siempre soñaron con escapar a las estaciones que los aprisionaban, sin poder sustraerse de ellas. Tenerlas en sus manos era el sueño supremo, de igual modo que el deseo de inmortalidad: una manera de domesticar el tiempo. Por eso las historias que narran el deseo de otra estación están presentes en todas las culturas.

Hallamos naturalmente el asombro ante el descubrimiento de *otra estación* en los relatos de viaje, única forma real de experimentarla. Antiguamente, semejante vivencia formaba parte de lo sobrenatural.

A este respecto, podemos citar el deslumbramiento de Sade con motivo de su estancia en Nápoles:

> Durante ese período, en París hizo más frío que en 1709. En Nápoles se puede salir a pasear durante todo el invierno. No hubo nieve ni hielo, y no llegaron a ocho los días en que tuvimos que encender el fuego. [...] Durante todo el invierno pudimos comer guisantes y tuvimos fresas desde finales de marzo.[7]

¡Guisantes en invierno! Todavía hoy, vivir al sur de Roma significa tener verdura en el plato todo el invierno, empezando por las *puntarelle* (un tipo de achicoria), los *agretti* (*Salsola soda*) y los *broccoletti*. ¿Y quién no soñaría, aún hoy, con un invierno sin necesidad de calefacción ocho días seguidos?

Algunas ciudades sureñas son objeto de toda clase de fantasías por su reputación de veranos eternos, de perpetua primavera.

Naser Josrow, filósofo y misionero ismaelí del siglo XI originario del Jorasán (actual Tayikistán), refiere

[7] *Voyage à Naples*, Rivages, 2008 [*Viaje a Nápoles*, trad. al cuidado de Antonio Redondo Magaña, Alhena, 2009].

un deslumbramiento comparable cuando descubre el bazar de El Cairo:

> Al tercer día de Deima del año persa 416 [18 de diciembre de 1048], vi en un único día todas las frutas y plantas cuyos nombres me dispongo a citar: rosas rojas, nenúfares, narcisos, naranjas amargas, naranjas dulces, limones, manzanas, jazmines, melones, meloncillos, plátanos, aceitunas, ciruelas mirobolanas frescas, dátiles frescos, uva, caña de azúcar, berenjenas, calabazas, rábanos, nabos, apio, habas frescas, pepinos, *badrangs*, cebolla fresca, ajo, zanahorias y remolachas. Cuando uno se pregunte cómo pueden hallarse reunidos tantos frutos y plantas, algunos de los cuales llegan en otoño, otros en primavera, en verano y en invierno, no querrá aceptar semejante afirmación. Al referir este hecho, no tengo intención de engañar a nadie y escribo solamente lo que he visto. Con respecto a lo que incorporo en mi relación según lo que me cuentan, no me hago responsable. Egipto, en efecto, es una región de vasta extensión que produce los frutos de las tierras frías y los de las cálidas. A la capital llegan productos de todas las provincias y la mayor parte se vende en los mercados.[8]

[8] *Sefer nameh, relation du voyage de Nassiri Khosrau en Syrie, en Palestine, en Égypte, en Arabie et en Perse, pendant les années de l'hégire 437-444 (1035-1042)*, publicado, traducido y anotado por Charles Schefer, 1881.

Es imposible determinar la veracidad de la lista que confecciona Naser Josrow. Por lo demás, el propio viajero anticipa la incredulidad de sus lectores y apostilla: «Escribo solamente lo que he visto». En este caso, no importa la veracidad de los detalles: lo que la enumeración nos transmite es el efecto de la abundancia, algo que sí es muy real. Se traduce mediante la diversidad de los colores: rosa, blanco, naranja, amarillo, verde y rojo. Constatamos asimismo la cantidad de productos que exhalan su propio perfume: rosas, nenúfares, narcisos, naranjas, jazmines, plátanos, caña de azúcar... La escena reproduce la fastuosidad de la naturaleza y, aunque el texto esté redactado con el tono de una descripción objetiva, transcribe un sentimiento de admiración y deslumbramiento, incluso embriaguez, ante la aparición simultánea de tantos productos de temporadas diversas.

El traductor del *Sefer nameh* cita a otro viajero, Aly el-Herewy, que estuvo en El Cairo hacia finales del siglo XI y quedó conmocionado él también por la diversidad de los productos reunidos en una misma estación:

Las tierras de Egipto y el Nilo producen en abundancia alimentos que avivan la estupefacción. Allí vi, en una misma estación, rosas de tres colores, jazmines y nenúfares de dos tonos, mirto, junquillos, albahaca, el loto llamado *jabry*, violetas, claveles, el fruto del loto, naranjas amargas, limones, naranjas dulces, dátiles recién formados y otros maduros, plátanos, higos de sicomoro, uva agraz y madura, higos frescos, almendras, calabazas, melones, sandías, berenjenas, habas frescas, garbanzo, lupino fresco, lechuga, malva, granadas, espárragos y caña de azúcar.

Vemos que ya entonces se llevaba a cabo el transporte de productos frescos de unas urbes a otras, lo que permitía a países como Egipto, que abarcan largas distancias de norte a sur, reunir en un mismo lugar productos de *temporadas* distintas. A diferencia de las delicias del invierno templado descrito por Sade, aquí interviene la simultaneidad de las estaciones, símbolo mismo de la prosperidad. Hay motivos para extasiarse.

Sin embargo, la actividad de viajar no estaba al alcance de cualquiera y, más allá de estos relatos referidos por los valientes o privilegiados que pudieron acceder a otros mundos, lo único que uno podía hacer era soñar con la llegada de la estación anhelada. Seguramente sea por esta razón por lo que el motivo de la búsqueda de fresas en invierno aparece en los cuentos como una especie de *topos*.

Lo encontramos en *Los tres hombrecillos del bosque*, de los hermanos Grimm, además de en los cuentos eslavos que recogen diversos autores, como Aleksander Chodźko con *Marushka y los doce meses*, y Salum Marshak o Božena Němcová con *Doce meses*. En ambas historias, el tema central es la búsqueda de la primavera, encarnada en sus flores o sus frutos. En ellas, la madrastra y la hermanastra expulsan del hogar a la protagonista y, en mitad de una nevada, la obligan a ir a coger fresas, manzanas, violetas o incluso galantos. La muchacha se adentra en el bosque a la busca del tesoro y se encuentra con doce personajes que representan los doce meses del año y que cumplen su deseo: hacen surgir la primavera sólo el tiempo necesario para que ella recolecte las flores o los frutos que le exigen.

Se encuentran variantes de este cuento en muchas civilizaciones. La lista sería larguísima; en Asia aparece en China y Japón, en las *Mil y una noches*, en los cuentos cabilios. En China, lo que necesita la protagonista en pleno invierno son brotes de bambú.

En ocasiones, la búsqueda se lleva a cabo a costa de un sacrificio. En *El ruiseñor y la rosa*, de Oscar Wilde, la bella joven se muestra altanera: aun sin tener ninguna intención de brindar sus favores al pobre pretendiente, le exige que le traiga una rosa como prueba de su amor. «Las rosas son rojas [...] como las patas de la paloma, y más rojas que los maravillosos dedos de coral que ondean en los abismos del océano. Mas el invierno heló mis venas, la escarcha mordió mis brotes, la tormenta quebró mis ramas; este año no daré rosas», le responde el rosal al ruiseñor que asiste al amante en su búsqueda. «Si una rosa roja deseas, tendrás que crearla con el sonido de tu voz bajo un claro de luna y teñirla con la sangre de tu propio corazón. Deberás cantar para mí estrechando contra tu pecho una de mis espinas. Toda la noche cantarás para mí; la espina habrá de atravesarte el corazón y tu sangre viva fluir por mis venas y volverse mía.»

Aunque en *La última hoja*, de O. Henry, no se habla de ninguna fruta, se nos cuenta la historia de una joven que se identifica con una estación. Johnsy tiene pulmonía y se encuentra al borde de la muerte. A través de la ventana del modesto apartamento que comparte con otras artistas, contempla las escasas hojas de hiedra que quedan aún prendidas de las ramas y anuncia que morirá cuando la última haya caído. Según el doctor, lo que a la chica le falta es voluntad de vivir; únicamente podrá curarse si recupera el gusto por la vida. Behrman, el vecino de abajo y viejo pintor alcoholizado, repite a quien esté dispuesto a escucharlo que algún día pintará una obra maestra. Riñe amablemente a la melancólica Johnsy. Tras una noche de tormenta, por la mañana sólo queda una hoja en la enredadera. Aunque las rachas de viento y la lluvia se reanudan al día siguiente, la hoja aguanta en el muro. Esa hoja devuelve a Johnsy la esperanza en la vida, y la joven recupera poco a poco las fuerzas. Sin embargo, Behrman se apaga dos días después, de frío y de cansancio. La última hoja de hiedra la había pintado él. Johnsy comprende entonces que ésa era la obra maestra prometida.

La hoja que sobrevive más allá de su estación es la encarnación de una energía vital milagrosa. Y, para llevar a cabo dicha encarnación en el muro, el viejo pintor tiene que dar su vida a cambio de esa otra vida extemporánea.

Aunque los cuentos sobre una muchacha en busca de flores terminen bien, la búsqueda se lleva a cabo arriesgando la vida. Supone un peligro querer transgredir la estación. Por eso *los frutos fuera de temporada* se percibieron durante tanto tiempo como un tesoro.

Hoy en día, hemos llevado aún más lejos ese deseo de hacer viajar los productos. Nada más fácil que procurarse fresas en invierno; de hecho, es más bien la fresa primaveral, cultivada al aire libre, la que se ha convertido en una rareza. Puede escandalizarnos ver fruta fuera de temporada, de acuerdo, pero, impacto medioambiental aparte, hay que reconocer que nunca habíamos alcanzado tamaña libertad ni un abanico tan amplio de productos, de todas las procedencias y todas las estaciones. El milagro se ha hecho realidad.[9] Somos más privilegiados que el sultán más acaudalado de El Cairo o Bagdad. Y si este hecho nos deja indiferentes es porque hemos

[9] Hace unos tres lustros, llevé a cabo durante todo un año el experimento de consumir exclusivamente la verdura y la fruta de un productor ecológico de cerca de Versalles, proveedor habitual de los restaurantes de la avenue Montaigne. Cada semana llegaba a mi casa un cajón de lo que rendía su huerto, y yo nunca compraba fruta ni verdura en otros comercios. En primavera y en verano me deleitaba con las distintas variedades de tomates y espárragos, lechugas, fresas silvestres, fresas blancas, guisantes y sus hojas… Cuando llegó el otoño, tuve que conformarme con apionabos, remolachas, manzanas, chirivías y zanahorias. Tras vivir cuatro meses sometida a un régimen de puerros, repollos y patatas, reencontrarme con la verdura de primavera fue una auténtica maravilla. En su crítica a las interpretaciones más estrictas del concepto *local*, el chef Olivier Rœllinger acostumbra a decir que, si en Francia pretendiéramos preservar el espíritu histórico de lo local, nos veríamos limitados a nabos, repollos y cebollas. He de reconocer que el año que decidí vivir según el producto *local* de la región Île-de-France tuve ganas de hacer como la chiquilla de *Doce meses* y perderme en el bosque para buscar fresas en invierno.

perdido el recuerdo de aquel deslumbramiento. No es culpa de la fruta ni de las ciudades meridionales que nos reciben en pleno invierno.

Basta con pensar en quienes aún en la actualidad son incapaces de sustraerse de la estación de su entorno porque están obligados a permanecer en su tierra. O en aquellos, más numerosos todavía, condenados a vivir en esa no-estación permanente compuesta de harina, garbanzos, aceite y latas de conserva que conocen los más pobres y las personas desplazadas en los campamentos de refugiados. En el fondo, hoy por hoy son muy pocos los sultanes de Bagdad.

IV

ESTACIONES QUE SE REPITEN, ESTACIONES QUE YA NO PUEDEN REGRESAR

Las cuatro estaciones introducen en nuestra vida la idea de los ciclos que se repiten, un poco igual que una escalera de caracol. Sin embargo, nuestro tiempo de vida avanza siguiendo una linealidad de sentido único, hacia una degeneración irreversible. Esta temporalidad interna, inherente a nuestro cuerpo, refuerza aún más nuestra aspiración a las estaciones, a la renovación, al renacimiento. No hace falta recordar la coincidencia del año nuevo con la llegada de la primavera en tantísimas civilizaciones. Si bien las estaciones encarnaban un destino cuyo curso no se podía modificar, su rotación permitía al menos introducir en el mundo un orden temporal alternativo.

La presencia de las diferentes épocas del año es, por un lado, algo evidente, y, por el otro, cuando nos paramos a pensarlo, un gran misterio. ¿Qué dios inventaría y engendraría este sistema cíclico de las estaciones?

Al mismo tiempo, las estaciones avanzan y regresan todos los años, cada una en su debido momento, pero nunca se repiten dos veces; cada una es igual y diferente, idéntica y singular. Ahí probablemente residan su encanto y su gran misterio.

Nosotros, los humanos, no seríamos capaces de instalarnos exclusivamente en la temporalidad de la estación, bien lo sabemos; dicha temporalidad es la propia de las plantas, que crecen con cada primavera. Los animales –algunos mamíferos– siguen también el ciclo estacional, aunque no de un modo tan íntegro como las plantas. Esto quiere decir que no todas las criaturas de este mundo viven en la misma temporalidad.

Los árboles, en teoría, no conocen la muerte. Mientras no los talen, mientras no enfermen, pueden seguir viviendo eternamente. Las plantas y las hierbas que viven más de un año llevan una vida cíclica: mueren cada invierno, pero renacen cada primavera.

El ser humano vive según una temporalidad lineal, aunque rodeado de una cíclica. Probablemente por ello esa temporalidad cíclica nos parece tan enigmática, y también por ello nos cuesta resistir a la tentación de interpretar el tiempo cíclico como tiempo lineal, de establecer paralelismos entre las estaciones y nuestra vida, como si la analogía nos permitiera vivir tanto como los árboles.[10]

Una cosa es segura: tratamos de escapar sin cesar o al menos de engañar las temporalidades que se nos imponen, como las estaciones, que antaño se consideraban un destino ineluctable.

Si queremos hallar o crear un tiempo que no sea ni el lineal de los cuerpos perecederos ni el cíclico de las estaciones, hemos de buscar en otra parte. Los alimentos proponen varias alternativas gracias a sus métodos de conservación tradicionales, como la salazón, la salmuera, el confitado, las conservas en alcohol, la deshidratación o la fermentación.

La salazón y el confitado se asemejan al arte de detener el tiempo: brindan a la materia orgánica la inmovilidad temporal, permiten que un cuerpo perecedero exista durante más tiempo. La fermentación, por su parte, es una técnica que posibilita tanto ralentizar el tiempo como otorgarle a su avance un carácter diferente. Ya no hablamos de degeneración, pues los productos sometidos a fermentación pueden mejorar con el tiempo. Ganan en profundidad, en rotundidad y en complejidad. Es, en cierto

[10] Si nos incomodan los productos *sin temporada* o *fuera de temporada* es porque desactivan la sensación del tiempo cíclico; de pronto, la única temporalidad que nos queda es la lineal, la que avanza hacia la muerte.

modo, un trabajo de alquimia: en la Edad Media, la esperanza de alcanzar la inmortalidad se traducía en términos alquímicos.

En un sentido, podríamos decir que los métodos de conservación se inscriben en la búsqueda de la inmortalidad; las técnicas de momificación son bastante similares a los procesos de preparación de los tomates secos. La comparación puede parecer un tanto osada, pero nuestro cuerpo también está hecho de materia orgánica. Un mismo deseo mueve a los hombres que, persiguiendo la vida eterna, momifican cadáveres y a quienes elaboran tomates secos.[11]

Productos fermentados, deshidratados y salazones no entienden de estaciones. Hay, desde luego, una época del año propicia para preparar el producto de partida, según el momento de la recolección, o una estación óptima para activar las bacterias que necesita su transformación. Incluso puede haber un momento ideal para degustarlo, como en el caso de ciertos quesos. Pero también sucede que sobreviven al tiempo. Las ciruelas saladas japonesas, *umeboshi*, se conservan durante años, incluso décadas, igual que las verduras marinadas con lías de sake, que se consumen años después de su elaboración.

[11] Fue el tema de mi residencia de escritura en Villa Medici entre 2013 y 2014: «Momias y tarros de mermelada. Métodos de momificación y conservación de los alimentos en Italia».

Si sumergimos fruta en orujo, podremos beber este último aun pasados muchos años.

Los productos de larga conservación debían de dar tranquilidad a los antiguos. Poseer conservas era la garantía simbólica de que la vida podía perdurar y, sobre todo, la garantía tangible de disponer de alimento y, por tanto, de una fuente de vida. Pensemos en los productos que aguantan mucho sin un tratamiento particular, como los cereales, las legumbres y el grano; no es de extrañar que se hayan convertido en sinónimo de fortuna.[12]

Antes de que la nevera pasara a ser un electrodoméstico de uso común, los alimentos se conservaban según las técnicas que acabamos de mencionar. Es evidente que las mesas estaban mucho mejor abastecidas de productos *fuera de temporada* de lo que pensamos.

Para comprender bien el juego de la temporalidad, conviene también tener en cuenta los métodos

[12] Dichos productos sólo conocen, por decirlo así, el *hashiri*, justo después de la cosecha; luego van perdiendo su sabor poco a poco. Por eso nos concentramos en el *hashiri* de esos productos otrora vitales: apreciamos el sabor del *primer arroz*, el soba nuevo, los fideos de trigo sarraceno recién segado –y especialmente sabroso–, las fiestas de la cosecha, la elaboración de la primera cerveza que se festeja con el Oktoberfest, la primera prensa del aceite de oliva, el primer té verde, el festival del almendro en Sicilia… Me han contado que, en Afganistán, sus habitantes saben distinguir los *nan* hechos con la espelta recién cosechada de los elaborados con la de la estación anterior.

de conservación modernos: el enlatado y la congelación. El recuerdo de la verdura que nos servían en el comedor escolar impide componer una oda a la conserva, pero, en materia de temporalidad, no podemos negar que se trata de una invención extraordinaria: ya no es necesario alterar el índice de humedad que contiene el producto, ni *momificarlo*, ni ahogarlo en sal o miel; el cuerpo es capaz de sobrevivir tanto como dure el metal que lo sella herméticamente; su sabor puede incluso evolucionar merced a la maduración, como las sardinas en latas milesimadas.[13] Ya no están vivas, como cuando se las sometía al proceso de la fermentación, pero se instalan en otro flujo del tiempo y la vida.[14]

Sin salirnos del ámbito de la alimentación, se ha instaurado otra temporalidad más: la de la comida industrial. Si obviamos la imagen que suscita, no podemos negar que ésta ha sabido imponer su temporalidad diluida, con la que convivimos a diario. La comida industrial tranquiliza. Esos caramelos que

[13] Con vistas a la publicación de su primer número, la redacción de la revista *#Appert* (n.º 1, otoño 2016, Éditions Menu Fretin), de la que yo formaba parte, llevó a cabo una sesión de degustación de sardinas maduradas. ¿Me atreveré a confesar aquí que algunas latas tenían diez o hasta veinte años, y que su contenido era exquisito?

[14] Cinismo supremo de la historia, estas técnicas se perfeccionaron y utilizaron sobre todo en tiempos de muertes masivas: durante las dos guerras mundiales.

contemplamos en la palma de la mano dan la impresión de ser casi *inmortales*. Gracias a su estabilidad, el producto industrial nos transmite la seguridad de que no nos hará enfermar; aditivos aparte, siempre hemos temido las intoxicaciones alimentarias provocadas por alimentos podridos, enmohecidos, víctimas de la obra del tiempo lineal. La comida industrial reconforta nuestra frágil vida, rodeada de estaciones inestables, porque nos promete que nada cambiará aunque el tiempo avance sin piedad. La comida industrial no conoce el *nagori* ni tampoco la nostalgia. Nos brinda una posibilidad de refugio, una madriguera cómoda y siempre idéntica a sí misma.

Al mismo tiempo, la inmovilidad que caracteriza a la comida industrial imprime a nuestra vida unos tonos apagados y neutros que la vuelven indistinguible de otra vida cualquiera. Sólo con las criaturas realmente vivas, esas criaturas perecederas de temporada que son las hortalizas, las carnes y los pescados del mercado, podemos lanzarnos a la aventura.

Estas diversas temporalidades, con sus líneas bien trazadas, no están exentas de convergencia, de combinarse unas con otras. Una seta *shiitake* puede convertirse en seta deshidratada en un abrir y cerrar de ojos; basta con colocarla en un lugar seco. Cobra entonces otro perfume y otra vida. En Japón, la comida industrial suele revestir la apariencia de la estación: en primavera, en los pasillos del supermercado se alinean chucherías con sabor a flor de cerezo y, posteriormente, a cereza; en otoño, los hipermercados comercializan bebidas, panes y postres con aroma de castaña y, luego, de calabaza... Como si la comida industrial aspirara a imitar esa estacionalidad, que por definición excluye, sin renunciar a la estabilidad tranquilizadora que proporciona.

Todas estas temporalidades se invitan juntas a nuestra mesa. Hoy en día, no es raro encontrar en un mismo plato unos tomates recién recogidos, un condimento preparado dos años antes, anchoas puestas en salazón hace seis meses y una lata de maíz cuya fecha de producción desconocemos. En nuestra cocina, a fin de cuentas, conviven todas las temporalidades; entre el tiempo lineal y el tiempo cíclico de la estación, nos encontramos con el tiempo diluido, detenido o modificado según otros procedimientos...

A decir verdad, ni siquiera los productos frescos viven todos la misma vida. El sabor de la carne de la ternera y la de la vaca que la ha parido no es el mismo. La última incorpora el regusto del tiempo vivido. Si la cocina tiene algo que salvar es ese pequeño espacio, creado por ella, que nos permite entrever la posibilidad de nuestro devenir en nuestro cuerpo orgánico, como todos esos ingredientes que han pasado por una metamorfosis sin convertirse obligatoriamente en momias. Nuestra vida experimenta ya un tiempo diluido y nuestro cuerpo puede conocer sus métodos de conservación. Depende de nosotros escoger si queremos ver en ello una forma de esperanza o la cárcel de otra temporalidad. Sea como sea, en el transcurso de nuestras comidas cotidianas podemos cobrar conciencia de la temporalidad contrastada de los alimentos que ingerimos y, por tanto, de la vida que llevamos.

V

LOS ASTROS ORGÁNICOS

En el fondo, decir que vivimos entre una temporalidad cíclica y otra lineal no es una afirmación fácil de aprehender. Por un lado, como ya hemos visto, las estaciones pueden ser dos, cuatro o setenta y dos, cada una con su *hashiri*, su *sakari* y su *nagori*. El tiempo lineal, por otro lado, puede volverse flexible, maleable, según nuestro sentir y nuestras emociones, como experimentamos a menudo; puede diluirse, como en el caso de la fermentación, e incluso extenderse durante un lapso insoportable, como el de la radiactividad.

Nos encontramos constantemente en la confluencia de esas temporalidades, en la vorágine de unos tiempos múltiples que, ora nos transportan, ora nos hunden.

Pero volvamos al *nagori*. Afirmaba más arriba que el fruto de *nagori* contiene el final de la estación que se lleva consigo. Pero esto no es todo. Lo extraordinario de los alimentos es que son seres vivos. Considerar un fruto al término de la temporada, por ejemplo, implica asimismo considerar el fruto en la totalidad de su vida. El inicio de la temporada marca la *juventud* del fruto: la piel puede ser dura o todo lo contrario, muy fina; el sabor, ácido y fresco; la pulpa, firme. Poco a poco va ganando en dulzor, y al final aparecerán arrugas en su piel, como en la nuestra. Se ablandará, es posible que su sabor adquiera la complejidad de la maduración y su perfume gane en profundidad antes de precipitarse en un regusto a pasado y una pulpa fibrosa, para finalmente desaparecer por completo. Cada etapa expresa un momento de su vida.

Si la *vida de los frutos* funciona como una expresión simbólica, para el pescado sí se trata de *la vida* de un ser vivo con todas las de la ley, que avanza con las estaciones. Algunos pescados sólo se consumen cuando alcanzan cierto tamaño o antes de la época del desove; la carne de otros se aprecia a lo largo de toda su existencia, con variaciones en el procesamiento y la cocción.

Son hechos que cualquier cocinero percibe de manera instintiva. Ponerle un nombre, *nagori*, al fenómeno permite que la sensación sea más precisa. La división del año en veinticuatro estaciones no tiene más valor que el simbólico, máxime cuando no hay un clima a las que vincularlas. *Nagori*, por el contrario, es de por sí una realidad concreta, pues acompaña a cada ser vivo en su ritmo propio y, en mi opinión, puede aplicarse igual de bien a la vida de los alimentos de Japón, de Francia, de Turquía o de Bolivia.

Si bien nuestra época tiende a sobrevalorar la juventud en detrimento de la edad madura, en el mundo de *nagori* no procede menospreciar el final de la estación, más allá del símbolo, ni siquiera a nivel gustativo.

El caqui de *nagori*, por ejemplo, tiene un sabor más rotundo y meloso, en el que amargor y astringencia han desaparecido casi por completo. Las huevas de leche del pez globo, ambrosía invernal, son muy apreciadas también en *nagori*, cuando desarrollan un tamaño mayor que al inicio de la estación.

La verdura en *hashiri* se encuentran en un estado en el que las células se reproducen rápidamente en paralelo a un desarrollo que se traduce en una pulpa tierna y jugosa. En *nagori*, las células se vuelven más sólidas y las fibras tangibles, pero el sabor puede ganar en profundidad y en dulzor.

Como tantos otros peces, cuando, a principios de verano, los bonitos llegan desde mar abierto, desde las costas filipinas hacia el mar de Japón, tienen una carne poco grasa en *hashiri*; son apreciados por su frescura y por la piel finísima de la zona del vientre. Cuando regresan a Japón desde el norte, en otoño, han ganado grasa y desarrollado un sabor más untuoso, con una ventresca casi como la del atún.

Hay también algunos productos que consideramos propios de una estación y que en realidad se cosecharon durante la anterior: las calabazas *kabocha*, las batatas o las raíces de lirio mejoran si se conservan varios meses, durante los cuales el almidón se descompone en azúcares. Así, ocultas a ojos del público durante el *hashiri*, sólo hacen su aparición en *sakari*. Sin embargo, si se conservan de más, el almidón alcanza una fase de descomposición avanzada que les hace perder su textura. Así pues, tras la cosecha llevan una vida en evolución constante, durante un mes y medio, al abrigo de todas las miradas.

Cualquier cultura culinaria puede proporcionar ejemplos de productos consumidos en *hashiri* o en *nagori*, aunque no se los haya considerado en esos términos hasta ahora. Los japoneses sólo conocen las almendras secas; sin embargo, incluso en Francia, donde se consumen también crudas, muy poca gente sabe que, en su estado de frescura extrema, las almendras pueden comerse enteras, como hacen los libaneses, con su envoltura verde antes de que se endurezca y se convierta en cáscara. Palestinos y libaneses consumen trigo verde tostado (*farik*), igual que hacen los alemanes con la espelta verde (*Grünkern*). Desde este punto de vista, podemos afirmar que tienen un conocimiento más *integral* que nosotros de la vida de las almendras y el trigo. Sucede también que algunas costumbres se pierden; en otros tiempos, los japoneses valoraban mucho las mandarinas aún verdes y ácidas. Hoy en día, los consumidores prefieren productos más dulces, y esa fruta sin madurar se ve en muy contadas ocasiones en los puestos de los mercados.

Un día, en un restaurante, tuve ocasión de degustar unos higos diminutos, del tamaño de una grosella, ligeramente marinados en vinagre, como acompañamiento de un plato de pichón. Fue un lujo poder comerlos tan jóvenes; los higos sin madurar revelaban otro sabor, una textura mucho más firme, casi crujiente, un regusto no ya meloso sino fresco que estallaba en la boca y creaba un maridaje perfecto con la acidez del vinagre. La presencia de esos frutos minúsculos daba al plato un toque como de mes de junio, cuando el aroma de las hojas de la higuera perfuma el aire antes de que el árbol dé los frutos. Los primeros atisbos del verano, contenidos en unos higos diminutos.

Cada momento de un producto exige un tratamiento apropiado. Las verduras en *hashiri* pueden comerse crudas, en ensalada, para revelar su textura tierna y jugosa. Luego se prestan a una cocción breve, al vapor. Andando el tiempo, apreciaremos mejor su cuerpo recio, que se resiente menos con la cocción, la fritura, en fricasé, en salteado, en estofado o en sopa, para dar sabor a un caldo.

Lo mismo ocurre con el pescado: hay una proporción de grasa ideal para tratarlo en sashimi, tras lo cual se puede cocer, asar a la parrilla o escalfar, incluso prepararlo en sashimi de otro modo, sellado ligeramente o marinado, para que la grasa no domine.

La *vida* de un producto es corta, a veces de apenas unas semanas; observamos su evolución en los mercados casi a diario. Incluso entre los productos del día exhibidos en los puestos, escogemos con total naturalidad aquellos que, por su blandura o su madurez, se prestan mejor al plato que deseamos preparar. Sin ser siempre conscientes de ello, sabemos que cada *individuo* tiene una edad diferente.

Vivimos todos la misma estación, junto con las aves, los animales, los peces y los vegetales. En ella se encuentran quienes gozan de vida, sólo que el tiempo de juventud de algunos no coincide con el de los otros, igual que pasa con los seres humanos. De hecho, el tiempo de *nagori* cambia según cada cual. Es lo que en la cocina tradicional japonesa se denomina *deaimono*, «cosas que se encuentran». Este término designa las asociaciones felices entre ciertos ingredientes, es decir, entre diferentes criaturas, en un mismo plato.

El ejemplo más habitual para los japoneses lo encarna la combinación de *wakatakeni*, brotes de bambú, alga *wakame* y hojas de *sanshō*, el pimentero de Japón, que por su perfume se emplea para condimentar platos. De los tres ingredientes, el brote de bambú es el que tiene una vida más breve, pues al cabo de apenas diez días se transforma en bambú *adulto*. La familia de bambús más conocida, *mōsōchiku*, germina entre marzo y abril. El alga *wakame* inicia su proceso de crecimiento en noviembre y alcanza la madurez a primeros de verano, pero sus brotes se aprecian ya en primavera, cuando están más tiernos. Las hojas de *sanshō* despuntan también en marzo. En ese período son pequeñitas y tienen un sabor muy fresco.

Son tres ingredientes procedentes del mar, la tierra y las ramas de los árboles que hacen su aparición al inicio de la primavera. La combinación de sus sabores, el ligero amargor del brote de bambú y el regusto yodado del *wakame*, acentuado por el toque apimentado de las hojas, nos abre los ojos a al inicio de la primavera y nos vuelve sensibles al mundo que nos rodea, así como a las primeras señales de la nueva estación.

Podríamos citar también la *torta pasqualina* de la cocina italiana o el cordero con guisantes de la gastronomía francesa. En todos los casos, encontraremos un equivalente gustativo o simbólico de estas asociaciones en otras culturas culinarias.

El *deaimono* exige considerar los ingredientes como seres por derecho propio: es preciso conocer el carácter de cada ingrediente, igual que cuando presentamos a dos personas. Pero ese encuentro no es patrimonio exclusivo de los ingredientes en la flor de la edad o frescos. Aquellos que viven dos o tres estaciones acaso tengan la suerte de tener más encuentros.

Tomemos como ejemplo el *yuzu*. La perfumadísima cáscara de este cítrico es muy apreciada como *suikuchi*, como acompañamiento en el *wan* (caldo *dashi*), donde destaca por su aroma, que se percibe antes incluso de llevarnos el consomé a los labios. En general, el *yuzu* aparece en los mercados en noviembre, temporada en la que el fruto alcanza su madurez y da el mejor jugo. En forma de *suikuchi*, sin embargo, los restaurantes lo utilizan desde primeros de verano. Al principio, el *hanayu* «flores de *yuzu*», se transforma en *miyuzu* (el fruto jovencísimo, del tamaño de un grano de pimienta), antes de ser consumida la cáscara de *aoyuzu* (*yuzu* aún verde); en otoño, se emplea por fin la cáscara del *kiyuzu* (*yuzu* amarillo).

Sin dejar de ser lo mismo, podemos imaginar que en cada etapa, desde la flor hasta el fruto maduro, el cuenco encierra delicadamente un momento de la vida del *yuzu* que el comensal descubre al levantar la tapadera. En cada fase, se transforman tanto el tipo de caldo como los demás ingredientes cuyo *encuentro* se propicia.[15]

Otro ejemplo muy conocido de la cocina kiotense es el *hamo*. Este pez de la familia de la anguila, muy apreciado también en la cocina china, se prepara en verano como plato frío con ciruelas saladas para acentuar la frescura de su carne. En otoño, el *hamo* es más graso y marida a la perfección con la seta *matsutake*, de noble y abundante aroma. El pescado coincide así con dos ingredientes distintos en estaciones distintas, como dos personas de edad

[15] El perfumista Francis Kurkdjian me refirió lo mucho que lo maravilló el olor del *yuzu* con seis meses de sobremaduración. Para él, fue todo un descubrimiento el perfume que exhala este cítrico más allá de los límites de vida que le atribuimos.

y madurez diversas. En el plato otoñal, el *matsutake* está en *hashiri* cuando el *hamo* se encuentra en *nagori*. ¿Quién dice que sólo puedan conocerse las personas de una misma edad?

Existe una expresión en japonés, *aji wo mukae ni iku*, que podría traducirse como «ir en busca de un sabor». En los casos de auténtica confluencia entre dos ingredientes, sucede que uno va *a buscar el sabor* del otro para extraer lo mejor de él. A poco que ese movimiento sea recíproco, podremos descubrir un sabor que no existía mientras los ingredientes hacían vida por separado.

Asimismo, hay que reconocer que algunos de estos encuentros son posibles gracias a los métodos de conservación. La conservación nos invita a repensar la imagen estática que a menudo nos formamos de las estaciones, cuando en verdad no hay nada más flexible y cambiante.

La asociación de una verdura o una fruta con una temporada concreta raras veces es tan tajante como pensamos. Como ya hemos visto, puede variar según las regiones; la evolución en las condiciones climáticas provoca también que ahora algunos frutos se den mucho antes que hace cincuenta años. Y viceversa: la conservación permite que coincidan ingredientes que en otros tiempos habría sido imposible combinar en un mismo plato.

El chef Hiroaki Tokuyama, hablando de la carne de oso que tradicionalmente se consume en la región donde se ubica su hotel restaurante, me contó lo siguiente:

> En esta zona, la carne de oso siempre se ha asociado con el invierno. Durante la temporada de caza, se consumía estofada para soportar mejor los fríos rigurosos de la región. Únicamente se conocía en platos invernales. Ahora yo intento conservarla sometiéndola a métodos inspirados en la charcutería occidental. Trabajarla en paté o al estilo del *lardo di Colonnata* acentúa el sabor de la grasa, muy cercana a la del cerdo ibérico. Esto permite no sólo destacar un sabor desconocido hasta entonces, sino también asociarlo a la verdura de verano, algo que antes no podía hacerse.

Los métodos de conservación tradicionales, aunque procedan de otra cultura culinaria, posibilitan nuevos encuentros.

También podemos apelar a la tradición para crear sabores nuevos. El chef Nakahigashi, del restaurante kiotense Sōjiki Nakahigashi, se ha especializado en cocinar hierbas y verduras de montaña que él mismo sale a recolectar, y que sirven de acompañamiento a los pollos que cría en su establecimiento.

Ofrece a su clientela un pescado marinado en zumo de mandarinas dejadas en el árbol durante meses. Debía de ser una práctica habitual en las casas que poseían mandarinos, sólo que con la estandarización de los circuitos de aprovisionamiento se perdió la costumbre de dejar la fruta madurar en el árbol. Únicamente el paladar del cocinero que conoce los bosques puede hacer que renazcan esos sabores y combinaciones que acaso existieron en el pasado pero que descubrimos hoy por primera vez.[16]

[16] Los largos inviernos de Quebec hacen que no sea tarea fácil proveerse de productos frescos en todas las estaciones, lo que explica que el arte de la conservación resulte vital. En el restaurante Toqué! de Montreal preparan dos mil quinientos litros de conservas de verdura cada año. El chef, Normand Laprise, afirma poder apreciar así un mismo producto de dos maneras: «Cuando arranca la temporada de rebozuelos, buscamos la manera de potenciar su frescura, pero en invierno también podemos utilizarlos como acompañamiento. De esta forma creamos dos tiempos, dos estaciones».

En Manoir Hovey, a orillas del lago Massawippi, sirven en julio un plato denominado *manzanas invernales*; se trata de unas manzanas conservadas en el árbol hasta el último momento. El chef Francis Wolf deja que la fruta se hiele y deshiele en las ramas y la recolecta al término del invierno, en un momento de sabor increíblemente intenso. Desde luego, la manzana está ennegrecida y es complicado trabajarla. Pero, si bien los frutos cultivados exclusivamente para nuestro consumo son productos *de niños mimados*, como quien dice, esas manzanas, que han pasado dos estaciones en el árbol, han vivido una *auténtica vida de manzana*. No sólo han conocido momentos fáciles y eso las vuelve aún más extraordinarias. La mermelada de manzanas invernales es la prueba de las superposiciones de estaciones que podemos experimentar o, mejor dicho, que experimentamos todavía aunque no les prestemos atención.

Como es natural, podemos percibir el juego de las diversas temporalidades más allá de la cocina, contemplando los cambios de color en las hojas, el calor de los rayos del sol sobre la piel, tocando el suelo con las manos, en la gradación del colorido del cielo o la forma de las nubes, escuchando el canto de las aves o el rumor del viento. El alimento tiene la particularidad de introducirnos en la complejidad de la estación a través de los platos, que son nada menos que asociaciones de varios seres vivos o de seres que estuvieron vivos. Como cuerpos celestes en rotación y traslación, cada cual a una velocidad y en una órbita diferente, que de pronto se encuentran. Su revolución no está representada en las subdivisiones del calendario, sólo se manifiesta en las oscilaciones sensoriales del pensamiento. Como una gran coreografía gastronómica. En circunstancias normales, no se tocan; somos nosotros quienes provocamos el encuentro al ponerlos en nuestro plato.

En cocina, vemos esos astros describir su órbita, mayor o menor, sobre la encimera. Mientras limpiamos hígados de ave, por ejemplo, pueden intervenir nuestros recuerdos de la infancia o imágenes de viajes asociadas a este ingrediente. En esos casos es el tiempo lineal, del que somos portadores, el que se encuentra con los hígados para modificar su condimento.

En ocasiones, imaginar un sabor desconocido es lo que nos lleva a un ingrediente concreto o lo que inicia una venturosa odisea con un producto fermentado. Hacer que dos vidas se encuentren es prometerles a ambas una vida nueva. Dos vidas que han conocido temporalidades, edades y estaciones diferentes confluyen en un mismo plano y se vuelven capaces de vivir otra vida una vez asimiladas.

Esto es lo que sucede en realidad cada vez que nos acercamos al mercado, cada vez que notamos la resistencia de la carne de un pescado encima de la tabla de cortar, delante del puchero, cada vez que percibimos las variaciones de humedad en la sal según la estación, cuando depositamos sobre la lengua una cucharada del fruto de esos encuentros.

VI
ESTACIONES VIOLENTAS Y POLÍTICAS

Según la época y la civilización, planificamos de un modo diverso nuestras vidas entre la temporalidad cíclica y la lineal. Todavía hoy, el juego de ambas en nuestra vida es cambiante. Cada una tiene su función y su valor simbólico; dependiendo de las situaciones, damos prioridad a una o a otra. Y, sobre todo, cada una genera un tipo de pensamiento característico.

Hasta el momento, sólo he hablado de la dimensión *poética* de estos fenómenos, de los aspectos positivos que propician. Hay que reconocer que entre estas dos temporalidades también se producen ciertas tensiones y relaciones de poder que se manifiestan incluso en el universo de la poesía.

Tomemos de nuevo el ejemplo del haiku. Aparte de ser una forma poética muy breve, el haiku se caracteriza también, aunque no lo parezca, por un sistema de pensamiento autoritario, dominado por el tiempo cíclico de las estaciones que gobierna el mundo, que él trata de imponer a todos los fenómenos naturales y humanos.

Unas páginas atrás he dado varios ejemplos de acontecimientos importantes del año –como la fiesta nacional francesa– que en el haiku se clasifican por estaciones. Lo mismo ocurre con otros días memorables; cualquier efeméride asociada a un pensamiento concreto puede ser considerada palabra de estación. Así pues, en el haiku hallamos el equivalente del género de la poesía sepulcral en Francia. En efecto, es posible clasificar a los autores según su fecha de defunción y componer un haiku con ella. Por ejemplo, *ōtōki*, «la memoria de las cerezas», es una palabra de estación estival en conmemoración del novelista Osamu Dazai, que se suicidó un 13 de junio y que tiene un libro titulado *Las cerezas*. Para los poetas del haiku, cada época del año trae consigo el recuerdo de los autores fallecidos, poetas y narradores por igual, lo que representa una invitación a componer haikus de manera intertextual.

Que el recuerdo de un autor se concentre en la fecha del aniversario y la estación de su muerte se me antoja una costumbre literaria de lo más natural. Sin embargo, las cosas se complican cuando indagamos en las fechas memorables de la historia.

Hiroshima-ki, «memoria de Hiroshima», es un caso aparte. Como palabra de estación estival, forma parte del repertorio del haiku. Naturalmente, es importante conmemorar ciertos sucesos históricos y nombrarlos en las obras literarias, como es práctica habitual en tantos países. Lo problemático es que en el género poético del haiku los acontecimientos históricos constan bajo el régimen del tiempo cíclico. Y el simbolismo del tiempo cíclico alimenta la espera del renacimiento y la renovación. Situar un drama o una catástrofe bajo estos auspicios puede llevar a la esperanza en algunos casos (ha habido daños pero la vida continúa, la ciudad puede renacer de sus cenizas, etcétera). No obstante, resulta muy peligroso asociar acontecimientos históricos a esa hermosa imagen del tiempo que «hace su labor» si no se llevan a cabo en paralelo la labor verdadera y las reflexiones necesarias para aportar soluciones concretas a las personas afectadas.[17]

La naturaleza no lo cura todo, en especial cuando la catástrofe la ha provocado el ser humano. La reflexión, huelga decirlo, se aplica igualmente a las catástrofes denominadas *naturales*, en el fondo siempre

[17] Siempre es posible tratar dichos sucesos históricos estableciendo una distancia crítica con respecto al simbolismo del tiempo cíclico, desde luego; pero la brevedad del género, con sus diecisiete sílabas, lo convierte en un ejercicio extremadamente difícil en el espacio del haiku.

demasiado humanas también. En el momento en que alineamos un acontecimiento histórico, que debe adscribirse a una temporalidad lineal, en semejante género literario, con sus palabras de estación, éste pasa a formar parte de la categoría de los fenómenos naturales, como un accidente que es mejor aceptar y soportar para luego olvidarlo en la siguiente estación. De este modo, el haiku, al imponer el tiempo cíclico y su simbolismo inhibidor al tiempo lineal, se transforma en operador de un acto de fuerza brutal que desactiva las implicaciones políticas y achaca los errores a la naturaleza. Pensemos un momento en un suceso que nos atañe, a nosotros o a nuestros allegados, o que nos haya marcado, ya sea una denegación de justicia, una guerra o un genocidio, e imaginémoslo tratado en pie de igualdad con la estación, como si de un temporal se tratara, sin intención ni causa humana, como algo que se ha producido *solo*; la violencia de la comparación se nos revelará en todo su horror.[18]

[18] Hay testimonios del asombro que causan a los extranjeros ciertos discursos de los japoneses acerca del ataque atómico sobre Hiroshima. Las formulaciones en japonés tendían hacia una estructura pasiva: «la bomba cayó» en lugar de «los estadounidenses lanzaron la bomba». No me corresponde a mí juzgar una posible relación con la cuestión del haiku, pero apuntaré otro hecho, detectado durante las manifestaciones antigubernamentales a raíz del accidente de la central nuclear de Fukushima. Algunos críticos alzaron la voz para denunciar la forma en que los medios informaban de las manifestaciones, a las que se re-

Tras la triple catástrofe del 11 de marzo de 2011 que provocó el accidente nuclear de Fukushima, muchos japoneses optaron por hablar de éste empleando la forma del haiku: lamentos por las vidas devastadas, oraciones por el alma de los desaparecidos y más cosas comunes a no pocas culturas literarias. Era del todo comprensible buscar sostén en las cautivadoras virtudes de la poesía, sobre todo por parte de las víctimas. Sin embargo, al mismo tiempo asistimos a la aparición de *Fukushima-ki*, «memoria de Fukushima», como palabra de estación, lo que suscitó agrias polémicas.

A pesar de que en el tiempo cíclico «la primavera regresará de nuevo», las flores del cerezo están ahora irremediablemente irradiadas; ya no hay *renovación* posible. No podremos recolectar las hierbas primaverales para degustarlas, los frutos no serán comestibles y las aves que de ellos se alimentan estarán contaminadas. Componer haikus se equipara, pues, a cerrar los ojos a una realidad y a celebrar

ferían como una tormenta o una nube «que bloqueaba la circulación de la ciudad», y aludían a «las molestias ocasionadas», sin plantear un análisis de las causas ni una explicación del fenómeno. No me atreveré a afirmar que, a fuerza de avivar su sentido de la temporalidad cíclica y de encomendarse a las estaciones, los japoneses hayan desarrollado una carencia de conciencia histórica o una incapacidad para reflexionar sobre la temporalidad lineal, pero valdría la pena considerar la relación entre estos elementos.

–cinismo o ingenuidad– un renacimiento que no sabemos cuándo será posible, si es que lo es.

Por más que resulte comprensible la costumbre literaria de conmemorar estacionalmente la muerte de un autor, en la medida en que el ser humano está inevitablemente destinado a morir, conmemorar Fukushima en esos términos está totalmente fuera de lugar, pues no basta con recordarlo una vez al año: es un problema actual que requiere tanto una intervención política como una reflexión cotidiana.

Así pues, hay estructuras, incluso actitudes, que el tiempo cíclico de las estaciones cuela subrepticiamente en el pensamiento, aunque sea a costa de una mentira.[19]

En realidad, el fenómeno que se da aquí trasciende el problema de la confrontación de dos temporalidades. Con la radiactividad se abre una tercera, una de una extensión insoportable, infinitamente más larga que la vida del ser humano. El accidente no sólo reclama un tratamiento social y político. También en el ámbito de la literatura habrá que

[19] Nótese que, en la historia del haiku, se ha manifestado con regularidad un movimiento favorable al *muki* o «sin estación». Durante la Segunda Guerra Mundial, sobre todo, los defensores del haiku «sin estación» trataron a menudo el tema de la contienda, que precisamente no podía inscribirse en una temporalidad cíclica. Reprimido por el Gobierno de la época, el movimiento perdió fuelle antes de hallar un nuevo impulso bajo nuevas formas durante la posguerra.

enfrentarse al tratamiento de esta tercera temporalidad, que en la zona irradiada rebasa y vuelve caducas las otras dos que hasta la fecha conocíamos.

No es posible hablar de Fukushima en el haiku, en el sentido de que la composición no da cabida a esa nueva temporalidad, por desgracia más fuerte que cualquier otra; el tiempo cíclico no puede reabsorberla, a menos que sean las propias víctimas quienes la invoquen, en un plano mágico, como para formular el deseo de rebobinar el tiempo. En realidad, los damnificados por la central saben perfectamente que un haiku compuesto con toda la inocencia no expresa más que el deseo de suscitar un espejismo[20] que únicamente tendrá un valor abstracto.

Nuestro deber en la literatura –que encarna el lugar por excelencia donde se entablan relaciones

[20] Tuve oportunidad de debatir sobre este tema con una poeta de haikus residente en la región de Kantô (y no en el noreste de Japón, epicentro de la catástrofe). Corría el año 2012 y fue en el Salón del Libro de París. Cuando la mujer, movida por una esperanza simplista en la renovación, empezó a evocar unos hermosos árboles que habían florecido un año después de la catástrofe, un pastelero que se encontraba entre el público intervino para decir que, si bien el árbol no había cambiado en apariencia, no podíamos verlo ya de la misma forma: hasta 2011, él tenía en aquella región a su proveedor de flores de cerezo, flores que confitaba en sal y usaba en la elaboración de sus magdalenas (deliciosas, dicho sea de paso); ahora, ni hablar de contar con ese mismo proveedor. Aunque los árboles den flores todavía, sólo se nos permite deleitarnos con la vista; han perdido su integridad.

entre temporalidades– es reflexionar acerca del tratamiento de esta tercera temporalidad.[21] Se trata, efectivamente, de otra *estacionalidad*,[22] aunque la palabra tenga resonancias sórdidas. Es un caso excepcional y aislado, de acuerdo, pero es también una configuración de la temporalidad que a partir de ahora conviene tener en cuenta.

[21] El notable fenómeno de la literatura japonesa post-Fukushima podría relacionarse con el considerable número de novelas ambientadas en un futuro inmediato. Se observa un intento sostenido por parte de los escritores de introducir o al menos acercarse a esta temporalidad que tanto cuesta concebir (esa duración que necesita la materia radiactiva para alcanzar la mitad de su ciclo vital), incluso cuando el acontecimiento no es el tema central de la obra.

[22] La *estacionalidad* plantea un problema más: así como el cambio climático obliga a mover las palabras de estación tradicionales con el fin de adaptarlas a la realidad presente, el accidente nuclear ya ha transformado el paisaje de Fukushima. Cuando lo visité a principios del invierno de 2013, los árboles de caqui conservaban todos sus frutos. Antes, todos estarían ya recolectados para esas fechas: caquis dulces para consumo inmediato y caquis astringentes para deshidratar. Ahora a nadie se le ocurría cosechar nada en la zona restringida ni en los alrededores. Los árboles, rutilantes de puntitos anaranjados, se alzaban aquí y allá a merced de los pájaros que acudían en bandadas para deleitarse con aquellos manjares que normalmente les disputaban los agricultores. Se trataba de un paisaje nuevo, que calificaríamos de sublime y poético si ignorásemos su contexto. ¿Qué hacer con esas palabras de estación que han cambiado de contenido? Después de tamaña catástrofe, ¿sabrán los poetas aguzar su sentido ético en el uso de las palabras de estación? En caso contrario, la poesía se convertirá en instrumento de la barbarie.

VII

NUEVOS ENCUENTROS, NUEVAS DESPEDIDAS

Hasta ahora, hemos hablado mucho de nostalgia y de pesar, pero también de aspiraciones y de deseo, de placer, de apegos y de sensibilidad. Podríamos decir que la estación es el tiempo de las emociones. A la temporalidad histórica y biológica se opone la temporalidad botánica y su oscilación, que nos conmueve.

Cierto es que las estaciones nos permiten comprender, por poco que sea, la vida de la naturaleza que nos rodea, siendo así que las plantas llevan una vida tan completa y radicalmente ajena a la nuestra que trasciende nuestra imaginación por esa facultad suya para clonarse, para vivir cientos de años, para quedar en letargo y subsistir exclusivamente a través de las raíces, y luego retoñar de nuevo o trasplantarse. Las estaciones son puentes que nos vinculan con los demás seres vivos. Nosotros mismos, en menor medida, vivimos bajo la influencia de los cambios de estación y de temperatura, de humedad y de luminosidad.

André Chiang, del restaurante André de Singapur, a quien le planteé la pregunta de cómo concibe su cocina en un territorio que conoce tan pocos cambios a lo largo del año, con unas temperaturas estables y variaciones únicamente en los pluviómetros, me contó que en sus platos crea estaciones artificialmente. Para ello, se ve obligado a importar muchos ingredientes, de variadas procedencias. Cuando le señalé que no siempre necesitamos las estaciones y que no en todas partes se ha de seguir la norma de la estacionalidad, respondió: «Pero ¡sin las estaciones es un aburrimiento!». Puede que el hecho de que Chiang haya vivido en países como Japón y Francia, que cuentan con cuatro épocas del año bien diferenciadas, influya en su juicio. Es posible también que ahí resida el anhelo secreto de cualquier cocinero, venga de donde venga. Las estaciones, con sus comitivas de riquezas salidas de la tierra y del mar desfilando como un tiovivo o una linterna mágica; las estaciones y los reencuentros que éstas prometen una vez al año sólo pueden regocijarnos.

De nuevo, si no toleramos la fruta y la verdura fuera de su temporada es porque perturba la temporalidad de la emoción. Las estaciones no existen en términos absolutos, de un modo independiente: las anuncian elementos concretos, como las flores, la fruta y la verdura. Cuando dejamos de percibir las estaciones, las emociones desaparecen. Podemos sentirnos desconcertados, aterrorizados, disgustados o tristes. O peor aún: podemos volvernos insensibles.

Pese a todo, no necesitamos cuatro estaciones. Podemos ser sensibles al inicio de la temporada de lluvias o a la seca, cuando el aire pierde la humedad y se aligera. No es casual que nos hagamos tan a menudo esta pregunta en apariencia anodina: «¿Cuál es tu estación preferida?». La pregunta apela a la sensibilidad del otro, sondea el lugar donde anidan sus emociones. Las razones por las que tenemos cariño a una misma estación son diversas; las relaciones que entablamos con ella difieren.

Un día, le pregunté a un chef que valora por encima de todo la frescura de los productos de temporada. Respondió sin titubear: «Para mí, y en lo que a cualquier producto respecta, el encuentro del inicio de la estación es lo más emocionante. Luego, siempre puedes probar cocciones y tratamientos diferentes, pero te acabas cansando». A este amante de los primeros contactos lo que le estimulan son las relaciones casi frívolas y pasionales. De hecho, su cocina siempre es muy fresca, como si no soportara la larga duración, como si lo apostara todo al instante.

Otros cocineros, como Anne-Sophie Pic, tienen con el producto una relación mucho más dilatada, fundamentada en la duración. Pic observa la vida de un fruto durante varias estaciones, hasta que exprime toda su esencia. Lo que hace es en cierto modo el trabajo de una alquimista a la busca de verdades eternas. Aunque sus platos conozcan la velocidad y tengan un lado efímero, su emoción no se desprende de las alegrías de la frivolidad.

En este sentido, cuando degustamos la cocina de alguien podemos adivinar si no ya su personalidad al menos las relaciones que entabla con los productos y, por ende, con las estaciones, el mundo al que aspira, la vida que trata de ofrecer.[23]

[23] La primera semana de septiembre de 2017, momento en que redacto estas líneas, he vivido cenas llenas de contrastes. La primera se orientaba hacia el otoño, con boletus en distintas preparaciones, un consomé de champiñones y varios platos de sabores intensos y colores cálidos y suaves. La segunda estiraba todavía el final del verano jugando con el frescor y la transparencia, con pimientos, maíz, ostras y hortalizas estivales. A la mañana siguiente, descubro las fotos de un amigo que ha cenado en un restaurante de Kioto: todo el banquete estaba orquestado en torno a verduras de invierno. Y me digo que es el colmo del *hashiri*: al percibir los primeros indicios del otoño, anticipamos ya el invierno que llegará después. Sin duda, esta anticipación es un pelín diferente de nuestra impaciencia por el final del invierno por reencontrarnos con los productos de primavera. Así pues, no es tanto que aspiremos a la nueva estación como que los alimentos del invierno, reconfortantes y de gusto rotundo, nos preparan desde dentro y nos ayudan a aceptar la

Del mismo modo en que cada individuo desarrolla sus propias emociones con respecto a las estaciones, una sociedad o toda una época pueden expresar una actitud específica en lo referido a la estación y su simbología. Si bien *nagori* no es un concepto teorizado en todas las culturas, la mayoría sí cuentan con un equivalente para *hashiri*. Y es comprensible: frescura, juventud y energía son cualidades a todas luces positivas. Cada cultura asocia a los productos de *hashiri* símbolos muy variados.[24] Por lo demás, se diría que la carrera hacia todo lo *hashiri* es cada vez más frenética.

No mentimos si afirmamos que la utilización de flores en cocina es consecuencia de la moda y el marketing. Sin embargo, ese efecto de la moda puede revelarnos algo más. Más allá de la exigencia de fotogenia en la era del *food porn*, cuando cada plato

llegada del frío. Al emplear los productos a disposición, cada cocinero expresa no solamente su visión de la estación, sino también su deseo y sus emociones. A caballo entre dos estaciones, tanto nuestro paladar como nuestro corazón se vuelven muy frágiles, vibran ante la menor evocación.

[24] Las ciruelas verdes son muy apreciadas en Líbano (*janerik*) y en Irán (*goje sabz*), y se recogen antes de alcanzar su maduración, estando aún muy ácidas. Sin embargo, su función simbólica difiere: para los libaneses no reviste ningún significado concreto, mientras que los iraníes asocian a la fruta agraz una imagen en correlación con el cuerpo humano, hasta el punto de que se desaconseja a las muchachas que declaren que les gusta *la fruta madura*.

debe ser tan atractivo como una jovencita, la presencia de flores en el plato dice mucho sobre nuesro anhelo de naturaleza y de estación, sobre todo la que se asocia con la renovación y la juventud: la primavera. Se aprecia un rastro de la poesía renacentista en ese deseo de ver la presencia de la naturaleza, tan remota en otras circunstancias (y sin embargo dulcificada, que es como nos gusta), en todo lo que comemos, tan cercano, intacto.

Lo mismo sucede con el régimen *raw food*: al margen del argumento nutricional, la función simbólica ejerce un rol activo en esta moda. Naturalmente, ha sido antes que nada la evolución de la logística de la distribución y los controles sanitarios lo que ha posibilitado el consumo en crudo de algunos pescados que antes sólo se comían cocinados incluso en Japón o de crustáceos en territorios alejados del mar, lo que no quita para que, sin la intervención del fuego y del trabajo humano, nos parezca que establecemos un contacto más directo con los productos. Lo mismo podría decirse de la moda generalizada de las cochuras acortadas de muchos productos, más allá de las teorías científicas que ensalzan los beneficios del alimento sometido a media cocción. ¿Cómo hemos llegado a apreciar de manera general las judías verdes casi crujientes, cuando hace tan sólo una década se consideraba que estaban sin hacer?[25] El producto prácticamente sin cocer ofrece una mejor percepción de la vida, del cuerpo del ser vivo que era hasta hace muy poco.

Por lo demás, cuando se dice que una primicia es deliciosa, no siempre es por su sabor. Comer guisantes casi crudos o habas crudas con queso pecorino –como hacen los italianos a principios de temporada– y sentir el amargor de su pulpa no es necesariamente una experiencia agradable al paladar. Este acto traduce sin duda una aspiración a atrapar instantáneamente la primavera inminente, a asimilar en el propio cuerpo la juventud de la estación, la juventud de la vida.

Seguramente la moda de un sabor –actualmente, por la acidez– se explica también por ese simbolismo de la vitalidad. Los platos son más ácidos ahora que antes, ídem para los vinos. Lejos ha quedado la predilección que en el pasado sentíamos por lo dulce, tanto en los vinos como en ciertos platos, que era el sabor de la madurez: ya no es eso lo que nos atrae.

[25] De un tiempo a esta parte, he leído y oído decir muchas veces: «Nosotros, los franceses, preferimos por encima de todo la textura crujiente». No estaría de más preguntarse si eso es algo que posee algún valor histórico y si los adjetivos *crujiente* y *crocante*, omnipresentes en las denominaciones actuales de los platos, tenían la misma importancia en otras épocas para la cocina francesa.

Por lo general, las preferencias cada vez se orientan más hacia los platos de verano, las ensaladas, las cocciones cortas, el vapor o las carnes apenas selladas antes que a los estofados y los platos cocinados a fuego lento.

Como en el caso de la atracción por la fruta y la verdura en *hashiri*, los jóvenes pueden sentir el deseo de atraer hacia su cuerpo más juventud aún, o quienes están en una edad más avanzada, una creciente necesidad de la frescura ya perdida.

Las estaciones son emociones; por ello, *creemos* en el simbolismo del que son portadoras, así como en los alimentos que las acompañan con total naturalidad.

A pesar de todo, hay cosas que escapan a esta tendencia general.

La verdura de primavera se caracteriza a menudo por un leve amargor. En japonés se la denomina *horonigai*, término que designa una delicada aspereza y a la vez la sensación de una herida deliciosa, como el recuerdo del primer amor.

Apreciamos la verdura de *hashiri* también por ese sabor amargo, como si la energía agazapada bajo la tierra, energía casi metálica en letargo, surgiera de repente en los retoños, concentrada. En este sentido, la amargura pone de manifiesto a un tiempo las primicias de la energía ascendente y el *nagori* del invierno.

El inicio de una estación siempre es el *nagori* de la anterior: nunca estamos del todo en una sola estación, salvo en ese punto culminante que representa el *sakari*, que dura apenas un suspiro, como el salto de un atleta. Aun en ese instante de *sakari* presentimos ya el declive que llega indefectiblemente y podemos afligirnos a la vez que percibimos los vestigios de juventud que han elevado el producto hasta su *sakari*. Las estaciones no son parcelas bien definidas: son flexibles y son múltiples. Respiran.

Tampoco nosotros vivimos en una sola estación. El anhelo de la primavera se trasluce ya en las festividades del solsticio de invierno, encarnadas en la Navidad del cristianismo, que bebe en parte de la creencia de los germanos en el Yule, y está asociada para los iraníes al nacimiento de Mitra, dios de la luz, el día del nacimiento del sol. El frío es aún intenso, pero el sol, al mostrarse más tiempo, reaviva la esperanza de volver a ver la primavera. El dicho «hasta el cuarenta de mayo no te quites el sayo» expresa con precisión esa prisa que tenemos por que llegue el buen tiempo, cuando el cuerpo ansía quitarse capas de ropa y no hay nada que deseemos más que sentir la delicadeza del aire, cuando la estación todavía se resiste a asentarse. De la misma manera, después de un largo invierno nos cuesta creer que haya llegado la primavera y, como si nos reencontrásemos con un amigo del pasado, nos mostramos algo tímidos, vacilamos en dar los primeros pasos; hay que esperar hasta mediada la primavera para percatarnos de que estamos viviéndola de veras.

Con frecuencia, se nos advierte de los peligros de enfermar en el paso de una estación a otra. Esto sucede no sólo por la inestabilidad del clima, sino también porque al cuerpo le cuesta seguir el ritmo de nuestras emociones, soliviantadas por una naturaleza que fluctúa sin cesar, incapaces de asimilar de buenas a primeras todos los estratos microestacionales que cohabitan entre ellas.

Nosotros también cambiamos con las diferentes épocas del año. Nuestro cuerpo invernal no es nuestro cuerpo estival. Cada año envejecemos; entretanto, tal vez hayamos estado enfermos. Nuestro cuerpo de hoy no será el mismo el año próximo. Por eso también el pescado o la verdura que comemos por primera vez en la estación se nos antojan tan diferentes: nuestro cuerpo ha olvidado la experiencia de ese producto, y hay que restablecer los lazos cada año. Por lo demás, nosotros mismos percibimos los sabores de manera distinta.

El chef Tokuyama me contó un día que, en otoño, los árboles, con sus hojas muertas, parecen menos presentes en la vida, pero que, bajo tierra, sus raíces acumulan energía. No se puede afirmar que las raíces no sean *de temporada.* Durante el período en que se nos niega su riqueza, el árbol sigue haciendo su vida; de esa forma podremos reencontrarnos con él una vez más en otro momento del año.[26]

Las estaciones son un sentimiento, una emoción. Entablamos con cada una de ellas una relación íntima y personal. Puede que sentir ese vínculo, independientemente del momento de la estación que prefiramos, sea ese *ser de estación*, en el sentido que posee la expresión en francés *être de saison.* Significa estar en el instante, en la vida. Si el encuentro con un producto se asemeja al que tenemos con una persona, éste puede conocer momentos de pasión y de amor, pero también separaciones. En dichos

[26] Existe una costumbre denominada *ki-nagori*, «*nagori* en el árbol», que consiste en dejar un único fruto en el árbol durante la cosecha de los *yuzus*, las mandarinas o los caquis. La superstición puede tener varias explicaciones: se deja un fruto simbólico, bien para los pájaros, bien para desear que el árbol rinda el año siguiente (costumbre también llamada *kimamori*, «guardián del árbol»), bien para que la especie resulte aún reconocible, o bien para asistir hasta el final a los efectos de la estación.

encuentros, hay momentos en los que prestamos una atención especial al otro, del mismo modo en que puede conmocionarnos el resplandor casi fluorescente de unas flores a la luz de la luna, del mismo modo en que nos conmueve una hortensia al final de la estación por la *vejez* de sus flores, cuyos pétalos secos a sus pies han perdido el color, pero no su belleza frágil.

Tengo la impresión, por ejemplo, de que los franceses han cultivado una relación peculiar con el verano, como si éste fuera, más que una estación, una vida en toda regla. Seguramente sea un efecto de las *vacaciones largas* y de ese período que muchos asocian a una estancia en el campo, a un contacto más estrecho con la naturaleza.[27] Cuando disponemos de más tiempo, prestamos más atención a lo que nos rodea. Muchos franceses hablan con pasión de las tartas y las mermeladas que elaboran en esas fechas con la fruta del jardín, de los pescados asados a la

[27] Los cambios de vida que acarrea la vuelta a la rutina acentúan aún más esa nostalgia por el año que termina, con el final del verano y las inquietudes que suscita la estación que empieza: curso nuevo, trabajo nuevo... En Japón, el inicio del curso tiene lugar a primeros de abril. Cuando se instituyó el sistema escolar, las clases se iniciaban en septiembre, como en Occidente, pero más adelante se modificó. Aunque el cambio se hizo por motivos administrativos, la coincidencia de la primavera con ese momento de transición en la vida personal probablemente acentuó la sensibilidad de los japoneses al declinar de la primavera, como veremos a continuación.

brasa junto al mar, de los tomates para el pisto, de las hierbas que ponen a secar... El *nagori*, «el deseo de permanecer en la estación», se manifiesta con especial intensidad entre los franceses durante el verano. Una amiga de Arlés me relataba con mucha nostalgia la última cosecha de tomates de su huerto, en septiembre, como si con esa hortaliza se marcharan los últimos rayos cálidos de sol. No es sólo que la naturaleza nos inspire tales emociones: lo que ocurre es que estamos más abiertos, más proclives a recibir la estación.

Naturalmente, también establecemos con los alimentos relaciones de otra índole, desprovistas de emociones fuertes. Es el caso de nuestras comidas del día a día. En la gastronomía japonesa, hay quien llega a preconizar el principio de que «no es conveniente que un plato sea demasiado delicioso». Las más de las veces esta máxima se refiere a que, en una comida, todo ha de estar en armonía, sin que un ingrediente o un único plato robe protagonismo a los demás. También se emplea para indicar que, cuando un producto es bueno, no hace falta boato: es bueno tal como es. He llegado incluso a oír este mismo principio formulado en el sentido de que cuando comemos una misma verdura todos los días somos capaces de reconocer las veces en las que está especialmente rica. Igual que pasa con las personas: es la cotidianidad de la vida en común, en apariencia banal, lo que mejor nos prepara para los momentos extraordinarios, y la relación continua nos capacita para valorar en toda su profundidad los matices más delicados.

En un mismo territorio pueden darse diferencias de sensibilidad muy marcadas. Las gentes de Edo, antiguo nombre de Tokio, vivían en una búsqueda constante de *hashiri*, como nosotros en la actualidad. Trataban en todo momento de proveerse antes que nadie de los productos tempranos y de las novedades, hasta el punto de que ni siquiera en la actualidad les incomoda la idea de comer fresas en enero. Los habitantes de Kioto, por el contrario, son famosos por valorar la estética de *nagori*. El contraste entre las dos capitales históricas sigue persistiendo.

En igualdad de condiciones, por lo demás, hay que reconocer que los japoneses poseen una sensibilidad ultradesarrollada para todo lo que tenga que ver con los finales y para la nostalgia. No soy la única que opina que la estación que más los conmueve es el otoño, la estación del *nagori* por excelencia, que rezuma todos sus matices, y no solamente en lo relativo a los alimentos. No es casual que el arte del té considere el otoño como el final del año y desarrolle en torno a éste toda una estética de la nostalgia. Asienta una forma de belleza serena.

Incluso en primavera, si nos gustan los cerezos no es sólo porque su suntuosa floración nos transmite la misma sensación que un sueño en vigilia: apreciamos también sus flores porque son efímeras, porque caen nada más abrirse.

A juzgar por los recuentos de la poesía clásica, hay prácticamente un número idéntico de poemas dedicados a la primavera y al otoño (en torno a sesenta mil), mientras que los que celebran el invierno y el verano rondan una cuarta parte de esa cifra (unos diecisiete mil para el verano; trece mil seiscientos para el invierno). Sin embargo, hay la misma cantidad de poemas de *nagori* para la primavera que para el otoño, a pesar de nuestra tendencia a asociar la primavera con la alegría de los inicios, con *la nueva estación*, como se suele decir.

El otoño, por su parte, se asocia de manera natural con la nostalgia porque todo en él remite al *nagori*: los paisajes, la berrea, el frescor del aire, la separación... Nos sentimos llamados a la introspección. No obstante, precisamente porque la primavera es la estación en la que todo comienza, en la que todo cobra vida, si por contraste se da una separación, ésta se hace notar de un modo aún más intenso.

¿Qué *nagori* nos afecta más,
la separación de las flores
o la separación de la primavera?

FUSHIMI'IN

Por el camino de regreso
sumido en una niebla de primavera
mis pensamientos viajan raudos al *nagori*, a la
separación

SUKETADA KADENOKŌJI

En la niebla primaveral
se me aparecía el *nagori* del humo del cuerpo
incinerado
pero en este último día de primavera
hasta ese cielo debo abandonarlo

YOSHITSUNE FUJIWARA

La costumbre del *omiokuri* sorprende a menudo a los occidentales de visita en Japón. Consiste en acompañar a la persona que se marcha, una práctica presente en muchas otras culturas y que persistió durante mucho tiempo en estaciones y puertos. En Japón, sin embargo, no sólo atañe a las grandes despedidas. En este momento en que me encuentro en Japón, mi madre se planta en el umbral de la puerta todas las mañanas cuando salgo de la casa y me dice adiós con la mano hasta que doblo la esquina de la calle. En los restaurantes tradicionales kiotenses, el cocinero y la patrona salen cada vez que un cliente abandona el establecimiento y siguen despidiéndolo hasta que desaparece de su campo de visión. *Omiokuri* significa «acompañar (*okuru*) con la mirada (*mi*)».

Cada vez que iba a casa de mi abuelo, en el momento de decirnos adiós me hacía *omiokuri* hasta que yo terminaba de subir la cuesta y dejábamos de vernos. La mirada prolonga el vínculo entre dos personas, incluso después de la despedida.

¿Será porque los japoneses no tenemos otro gesto para marcar la separación, como el beso? Sea como sea, la separación deja un rastro, igual que la estela de un cometa; no es como pasar la página con un gesto brusco.

Mi *omiokuri* más largo fue con una persona que vivía junto al cementerio de Montparnasse. Nos habíamos despedido después de dar un paseo por el barrio de Raspail. La otra persona enfiló un camino entre las parcelas del cementerio, y su silueta se fue empequeñeciendo hasta desaparecer lentamente. Me hizo pensar en el sol poniente, o tal vez fue precisamente el sol poniente que contemplé un día en Roma, desde la terraza de Villa Medici, lo que me recordó todas esas experiencias de *omiokuri* que había conocido hasta entonces. El sol se pone hasta tornarse casi indistinguible, irremediablemente, igual que la estación. Cuando desaparece del todo tras la línea del horizonte, su luz, aunque cada vez más débil, como una imagen persistente en la retina, permanece y nos alumbra aún por espacio de unos minutos.

No sólo las personas pueden acompañarnos: en ocasiones, un lugar también lo hace. Cuando cogemos el tren, el barco o el coche, y vemos alejarse el paisaje del lugar que dejamos atrás, ¿no sentimos a veces que esas montañas, ese puerto, nos acompañan todavía un rato?

Ninguna despedida, ninguna separación, tiene lugar en un único instante. Aunque el momento de la partida dure apenas un segundo, permanecen aún las olas, la luz que ha dejado el tiempo compartido.

Al recordar su viaje a Japón en una entrevista concedida a France Culture en 1984, el pintor Pierre Soulages describía el espacio de un templo y el sonido que producía su presencia en él:[28]

[28] Entrevista con Jean-Claude Bringuier en el programa *Documentaire d'été*, grabación realizada el 1 de enero de 1984 y emitida el 27 y 28 de agosto del mismo año en la emisora France Culture.

Lo que me interesa de los sonidos es, por supuesto, el timbre, todo lo que es sonido, pero también el espacio imaginario que éste crea, la forma en que se desarrolla. Lo bonito de aquella campana de bronce perdida en el campo húmedo y en la noche era la manera que tenía de marcharse en el espacio, la manera que tenía el sonido de dejarnos.

Asistimos a los oficios. Varias campanas imprimían ritmo a las oraciones.

Una de ellas parecía un cascabel inmenso; otra era como un florero, estaba colocada como un florero, con la abertura hacia arriba, y había otra más pequeña. La más grande de todas emitía un repiqueteo mucho más grave, y todas se tañían con un bastón envuelto en un trapo. Todos aquellos sonidos acompasaban la oración. Uno de ellos en concreto se aceleró en un momento dado. Además, durante el rezo, poco antes de que terminara, oí mi nombre en unas palabras que yo no comprendía. Era el monje, que me dirigía sus buenos augurios, creo. Entonces la plegaria terminó, las palabras se volvieron cada vez más lentas hasta apagarse del todo. Asocié todo esto al tañido de la campana en la noche que nos dejaba, que se marchaba y creaba una inmensidad. Al igual que aquel final de la oración, insinuaba una eternidad; también una relación del tiempo y el espacio.

Lo que Soulages sintió a través de esos sonidos es precisamente lo que experimentamos cuando nos llevamos a la boca un trozo del último fruto de temporada. El sabor de *nagori* anuncia ya la partida inminente del fruto, hasta su regreso al año siguiente. Lo degustamos celosamente, como si quisiéramos prolongar el sabor en el paladar el mayor tiempo posible. Luego, poco a poco, el sabor se disipa, como el repicar de la campana. Lo acompañamos en su partida, sentimos que el fruto, con su sabor, se ha dispersado dentro de nuestro cuerpo. Nos quedamos inmóviles un instante, como para comprobar que, al separarnos, también nos hemos unido.

¿VERÉ AÚN OTRA PRIMAVERA?

Acababa de emprender la escritura de este libro cuando un día almorcé con el historiador del arte Éric de Chassey, el que fuera director de la Academia de Francia en Roma por la época en la que yo fui residente. Éric me contó que se acordaba de algo que yo le dije entonces: que nunca me había sentido tan japonesa como en Villa Medici.

Sus palabras me hicieron revivir inmediatamente una escena o, mejor dicho, una experiencia olfativa de mi estancia romana. Fue una mañana fresca, bajo un cielo raso, y yo salía a hacer unas compras. Cuando llegué al final del camino y abrí la puerta de la tapia que nos separaba del mundo exterior, aquel pesado portón verde oscuro de viejos batientes que hacían un ruido infernal cada vez que se cerraban, de repente recibí la visita de una presencia diáfana: el perfume de los azahares.

Naturalmente, no era la primera vez que percibía un aroma floral a mi paso. En la ciudad andaluza de Granada, donde pasé más de diez veranos seguidos, la aparición y la sucesiva desaparición de los perfumes de las flores, las hojas y las hierbas marcaban los días casi como un reloj.

Pero aquel día, sentí el azahar como si fuera una persona, como si alguien me diera unos toquecitos en el hombro. Una presencia tan total como yo misma, más importante aún, pues los árboles pueden vivir en este mundo mucho más tiempo que yo. Era otra presencia en este mundo, una presencia acaso más sólida que la nuestra, una presencia hermosa en cualquier caso, la que venía a tocarme de ese modo.

Tal vez esto que estoy describiendo sea algo de lo más normal para quienes tienen la suerte de vivir en el campo. Cierto es que a mi vecina de la Villa, que siempre había vivido en plena naturaleza, no parecían conmoverle todos aquellos fenómenos, sino todo lo contrario: Villa Medici le resultaba un lugar bullicioso y ajetreado, y la ciudad de Roma demasiado grande, con demasiado poco verde.

Por muy urbanita que yo sea, siempre he sido sensible a los olores, que encarnan antes que nada la huella de las actividades de nuestra vida. En mi infancia, me encandilaba el olor a tinta y a papel que emanaba de la imprenta del barrio; el olor húmedo y grisáceo de la boca del metro, que se dilataba a medida que te adentrabas en ella igual que si te zambulleras en las profundidades marinas; el frescor del aire alrededor de la vieja clínica montada en una casa de madera de estilo occidental, combinado con los efluvios de jarabe, madera húmeda y alcanfor. Me parecía que los olores, mezclados orgánicamente, constituían la identidad de los espacios, tanto que habría sido capaz de reconocerlos con los ojos cerrados y trazar un mapa de la ciudad a partir de sus aromas.

En Villa Medici, se trataba más bien de la visita que nos hacían a través del universo olfativo otros *seres vivos*; no mediante el tacto directo, como harían los animales, sino a través de esa otra forma de contacto, también directo en la medida en que una parte de ellos mismos llega a nuestras fosas nasales, transportada por el aire, y compartiendo con nosotros otra noción del mundo.

Es verdad que todo el tiempo que duró mi estancia en Roma pensé que nunca me había sentido tan japonesa; japonesa en el sentido de volverme especialmente sensible a las más ínfimas señales del cambio estacional y a esas emociones, a esa nostalgia vinculada con la despedida de cada estación.

Me guardaba para mí esas palabras sobre el *nagori* que el cocinero pronunciara seis años atrás y que yo he transcrito en el prólogo. El término galopaba en mi mente sin trazar una progresión de pensamientos concretos. Fue en Roma donde presentí que necesitaba retomar la cuestión del tiempo, de las estaciones, sin pasar por alto nada de lo que un cuerpo es capaz de percibir a partir de las señales que éstas dejan. Sin embargo, antes de que me diera tiempo a formular mis intenciones, la estación se me adelantó y me cautivó.

En la Villa, me parecía sentir la evolución del tiempo casi día tras día no mediante cifras o cambios de hora y de fecha, sino merced al contacto del aire sobre la piel, al color de las hojas, a las luciérnagas que aparecieron hacia el final de la primavera y desaparecieron apenas dos semanas después, al tacto de los troncos de los árboles. De ahí que me sintiera más japonesa que nunca; japonesa no en el sentido de formar parte de una entidad nacional, sino en la medida en que estaba plenamente atenta a todo lo que me rodeaba, y porque podía interactuar con las estaciones igual que hacemos con las personas, con las palabras como herramienta de comunicación, palabras aún por encontrar; no las palabras codificadas del haiku, sino mis propias palabras para las estaciones romanas.

Era una invitación a reflexionar acerca de las complejas relaciones que se establecen entre la palabra y las estaciones, para comprender mejor la sensibilidad de las diferentes épocas del año descritas en la literatura japonesa medieval, como aquello que podían sentir las mujeres de letras de la época cuando las escribían con la punta de su pincel.

Lo que se me reveló con intensidad fue que no era tanto la cercanía de la naturaleza lo que me sensibilizaba a las estaciones, sino, sobre todo y desde el principio, la conciencia de que estaba viviendo una experiencia única y acotada que sólo duraría un año.

Sabía que nunca podría ver de nuevo los azahares, las luciérnagas, los acantos. Nosotros, los residentes, sabíamos que en Villa Medici existe un año de vida y que, por lo tanto, veríamos cada una de las estaciones una sola vez. Aunque las luciérnagas tenían una vida efímera, me parecían más perdurables que yo porque estaban destinadas a reaparecer en el mismo lugar al año siguiente –a pesar de que no serían las mismas–, cuando nosotros ya no estuviéramos. Éramos seres que sólo disponían de un año de vida en *ese* mundo, el mundo de la Villa. Los árboles, los insectos, las piedras, todo permanecería salvo nosotros, que estábamos de paso en aquel mundo-Villa.

Sé que esta comparación provocará más de una mueca de disgusto, pero así lo sentí: era como si me hubieran diagnosticado una enfermedad incurable y sólo me quedara un año por vivir.

¿No es un poquito exagerado?, me dirán. ¿Por qué fue tan importante ese año? ¿Por qué ese apego tan extremo a la vida romana?

Lo que nos sedujo no fueron tanto esas ventajas que con razón se atribuyen a la Academia de Francia en Roma: holgura económica, salas de trabajo espaciosas, experiencia de vida en la capital italiana... Por supuesto, todo lo anterior era importante, pero lo fundamental por encima de todo era que disponíamos de un año de nuestra vida sólo para nosotros. En la etapa adulta, y a menudo incluso en la infantil, no se concibe la idea de contar con un tiempo semejante a nuestra plena disposición. Eso es lo que convierte la beca en un período irreemplazable: se nos brindaba una vida entera durante un año.

Desde el principio fue como si, más allá del tiempo que cada cual dedicaba a la creación, fuéramos el objeto de aquel experimento asombroso que consistía en *vivir las cuatro estaciones una sola vez*. La experiencia en sí misma es casi contradictoria en sus términos, puesto que el cíclico regreso de las estaciones se desactiva si las vivimos una única vez, cuando en verdad es que éstas no cesarán de sucederse. Así pues, lo más duro es vernos confinados al tiempo lineal, sabiendo que el ciclo continuará, muchas muchas veces, pero que sólo nosotros estaremos excluidos, sólo nosotros vivimos las estaciones bajo el régimen de nuestro tiempo limitado, que desvía los raíles circulares de los períodos estacionales y los endereza por la fuerza como los de un tren.

Creo que, para ninguno de nosotros, nunca había estado la estación tan íntimamente relacionada con la intensidad de la vida. Esa conciencia agudizaba tanto los sentidos como las emociones. Lo cierto es que aquella vivencia podía revelarse desestabilizadora para ciertos residentes. Nos congratulábamos constantemente de la belleza de la vida, experimentábamos una alegría de vivir tan aguda como un vértigo, casi dolorosa, y acusábamos de continuo la nostalgia por el tiempo que se nos escurría entre los dedos.

Casi me parecía poder prever la altura de los rayos de sol que cambiaba día a día, la forma de las nubes y los colores del crepúsculo, que nunca son los mismos de una época del año a otra, la composición fluctuante de las partículas que flotaban en el aire.

Cada olor me aportaba la presencia de otros seres, me daba a entender que eso era la estación: un perfume, el rastro de un instante de presencia.

En ese período tan particular, teníamos la sensación de vivir cada instante en tres tiempos: *hashiri*, *sakari* y *nagori*. Cada día nos llevaba a descubrir una nueva vida, un nuevo olor, una evolución de la naturaleza –*hashiri*–, y nosotros gozábamos, inmersos en su plenitud –*sakari*–, mientras ya la vida del instante avanzaba, en futuro anterior, atrapada en una mirada retrospectiva –*nagori*–. Esta temporalidad de una intensidad excepcional nos agotaba y a la vez nos colmaba de júbilo; nos sentíamos zarandeados por las olas del tiempo.

Todo lo que he escrito en este libro lo aprendí en Roma.

Al término de mi estancia romana, propuse dar una cena para el conjunto de residentes y el personal de la Villa. La titulé *la cena de los cien ingredientes*. Preparé treinta y tres platos para una treintena de comensales. Procuré que todos los ingredientes empleados guardaran relación con los recuerdos de mis colegas de residencia. Naturalmente, no podía conseguir productos de todas las estaciones, pero, aun sin haber previsto del todo aquel cierre, había acumulado varias preparaciones a lo largo de los meses: mermeladas de fruta del jardín de la Villa, salmueras y hierbas secas, huellas todas de lo que las estaciones previas me habían aportado.

Fue, en cierto modo, nuestra última cena y el broche de nuestra vida en la Villa. Era como si, llegados al umbral de la muerte, recopiláramos la memoria de todo lo que habíamos vivido, el brillo y el deslumbramiento de la vida. Fue la última cena en el sentido bíblico: nos despedimos del jardín, de las hojas, de los frutos cultivados en la Villa, antes de abandonar aquel mundo. Reuniendo todas las emociones del año, las concentramos en los platos y las disipamos con los efluvios del banquete, una vez asimiladas en nuestro cuerpo, a guisa de recuerdo que llevarnos *al mundo exterior*.

Al rememorar esta cena, Éric de Chassey me dijo: «Fue puro delirio; llevando la idea al extremo, podríamos caer realmente en la locura». Ahora lo comprendo: no conviene tratar de reunir las cuatro estaciones en una sola velada. Con las estaciones no se juega, por más tentador que resulte a veces empujar esa puerta, cruzar esa frontera.

De mi estancia romana ya no me quedan ni *hashiri* ni *sakari*, puesto que ya no estoy allí. Sólo permanece *nagori*. No en el sentido concreto, sino en el simbólico: el retrogusto, las texturas y las emociones que lleva aparejadas están aún muy vivas. Puedo rememorarla como si fuera ayer, hacer que afloren las imágenes ante mis retinas y recobrar las sensaciones en la piel. A buen seguro, la estación resulta aún más conmovedora cuando se desdobla así, vacilante, en un vaivén que no cesa de balancearnos con ternura.

Siempre he escrito sobre la muerte, para los muertos.

Por una vez, me apetecía escribir un libro sobre la vida. O sobre la muerte que es la continuidad de la vida. Sobre las muertes que cohabitan con la vida. En efecto, eso son las estaciones: muertes o desapariciones sucesivas que dan lugar a otras vidas, pero que un buen día regresan.

Oleremos y comeremos aquellos azahares, aquellos tomates y aquella salvia. Formarán parte de nosotros. O haremos conservas con ellos para preservar su esencia. Nos provocará nostalgia su partida con la estación, pero cada año nos reencontramos con ellos. Hasta que nos toque a nosotros abrir definitivamente la última puerta de la vida.

Tal vez por eso las estaciones son lo más hermoso que existe en este mundo.

ANEXO

Lo que sigue es la descripción y el menú de la cena en Villa Medici a la que he aludido más arriba. Aunque se trata, qué duda cabe, de un documento de índole personal, me parecía importante dar un ejemplo concreto de la cuestión de las estaciones. Si yo fuera chef o la pinche que ayuda a un chef a escribir su libro, podría haber dado otra clase de ejemplos.

Eso no es todo. Si bien he hecho este libro para dar palabras a eso tan fugaz y evanescente que es la estación, al componer este humilde texto de invitación a la cena con el nombre de los cien ingredientes, me apetecía también conservar por escrito la huella de esa velada efímera. Mi intención era anotar esos ingredientes, seres tanto más vivos cuanto que compartieron una parte de nuestro tiempo en este mundo, como anotamos los nombres de las personas: para no olvidarlos.

Es la huella de las estaciones lo que esos ingredientes atravesaron con nosotros.

LA CENA DE LOS CIEN INGREDIENTES
CENA DE RESIDENTES
19 DE AGOSTO DE 2014

Aceite (de calabaza, de oliva, de sésamo y de girasol) Aceituna Agar-agar Agua Aguacate Aguardiente (de granada y de caqui de Villa Medici, Awamori) Ajo Albahaca Albaricoque Alcaparra Almejas Almendra Anchoa Apio Azafrán Azúcar Berenjena Boquerón Calamar Campari Canela Cardamomo Cebolla Cerdo Cereza Chile japonés Cidra Cúrcuma Curri Dátil Dorada Doubanjiang (casero) Eneldo Espárrago Fécula de patata Flor de calabacín Fresa Gelatina Granada Grosella Harina Hierbabuena Hígado de ave Higo Hinojo Hueva de mújol (en salazón) Huevo Jalea de vino passito Jamón Jengibre Kankōji (casero) Katsuobushi Kombu Leche de coco Limón (fruto, hoja –de Villa Medici–, crudo y confitado casero) Mango Mejorana Melocotón Melón Miel de acacia Mirin Miso Mora Mostarda di pere Mostaza Myōga Naranja (dulce y amarga) Nata Nuez Nuez moscada Nuoc-mam Orzata Pan Panceta Pato Pepino Pera Perejil Pimentón Pimienta (blanca, verde y rosa) Pimiento rojo Piñón Pistacho

Pollo Puerro Queso (mozzarella, pecorino, ricotta, philadelphia) Rúcula Sake (y lías de sake) Sal Salsa de soja Salvia Sandía Sémola Sésamo (blanco y negro) Tomate Vacuno Vinagre (balsámico, de sidra y de caqui) Yogur Yuzu Zanahoria

Para esta última cena de los residentes de la promoción 2013-2014, en un primer momento dudé entre varias temáticas: platos evocadores para cada uno de los comensales, un menú a partir de las cenas de los residentes del siglo XIX... Al final, resolví proponer una cena de la abundancia, una cena caleidoscópica en la que cada cual pudiera hallar los ingredientes, los colores y los sabores que mejor sintetizaran su experiencia personal en Villa Medici. Algunos platos e ingredientes reflejan mis propios recuerdos de la Villa; en el ámbito culinario no podría ser de otro modo. En cualquier caso, os corresponde a vosotros acomodar y combinar los ingredientes a vuestro antojo, incluso imaginar nuevos platos para llevaros en la maleta, rumbo a vuestro siguiente destino después de Roma.

En el menú se han colado unos cuantos guiños a nuestros recuerdos colectivos. Reconoceréis, por ejemplo:

ingredientes ahumados (la barbacoa en el jardín);
fruta del jardín de la Villa (naranja amarga, caqui, granada);
referencias a las estaciones (para rizar el rizo de las *quattro stagioni*).

Como es lógico, gozáis de total libertad para interpretar cada sabor (dulzor, *arrabbiata*, amargor o profundidad) según vuestro capricho...

Pronto abandonaremos Villa Medici para regresar cada uno a su ciudad de origen o a algún otro sitio. Nos marcharemos un poco transformados y más vivos de lo que estábamos cuando llegamos. Pero los archivos se quedarán aquí después de que nos hayamos ido, y este documento dará fe, igual que los menús de las cenas de los residentes del siglo XIX que he podido consultar, de los momentos intensos que vivimos en este lugar, excepcional en tantos aspectos.

Os deseo una excelente y cordial velada.

RYOKO SEKIGUCHI

MENÚ
(sujeto a modificaciones el propio día de la cena)

ENTRANTES
Nueces con ricotta
Ensalada moruna de zanahorias
Tomates con romero
Aceitunas fritas
Crostini al curri ahumado

CREMAS
Pepino y aceite de calabaza
Pimiento rojo y tomate

ENSALADAS
Variación de la macedonia de frutas

Fresa y cereza
Albaricoque, mozzarella y albahaca
Mango, zanahoria y jengibre

Pollo al estilo *vitello tonnato* con pera

Ensalada de berenjenas (cocidas y en puré)

PESCADOS

Boquerones en panzanella
Ensalada de calamares fritos
Carpacho de dorada

Ensalada de hinojo al yuzukoshō

FRITURAS

Salvia
Flores de calabacín con ricotta
Espárragos

AHUMADOS

Nueces
Almendras
Huevos (marinados y ahumados)
Hígado

CARNES

Pato a la japonesa
Panceta a la okinawense
Albóndigas con hojas de limonero
Buey marinado con lías de sake

Espárragos con katsuobushi
Cuscús con marisco
Arroz a la iraní (con eneldo)

QUESOS

Acompañados de jalea de passito y de mostarda di pere

Sgroppino

POSTRES

Surtido de jaleas (aguardiente de caqui, aguardiente de granada, café, limón), melón macerado en Campari, cidra de Amalfi confitada, uvas escarchadas

Helado de romero
Helado de naranja amarga
Sandía bañada en leche de coco

LISTA DE LOS VINOS SERVIDOS DURANTE LA CENA

Blancos:
Collestefano Verdicchio di Matelica, 2013
La Colombera «Derthona», Timorasso, Pier Carlo Semino, 2012
Edi Simčič Malvasia 2009

Tintos:
La Trappa Trebbiano, 2012
Braida «Il Bacialé» (barbera, pinot nero, cabernet sauvignon, merlot), 2012

Benanti, Il Monovitigno, Nerello Mascalese, 2009

Marsala:
Terre Arse Marsala vergine, 2000, Florio
Targa Marsala Superiore, riserva Semisecco, 2002, Florio

AGRADECIMIENTOS

Quiero dar las gracias a los cocineros que me brindaron sus valiosísimas palabras: Anne-Sophie Pic, Olivier Rœllinger, Yannick Alléno, Leonardo Vignoli y muy especialmente a Hiroaki Tokuyama, de Tokuyamazushi, a orillas del lago Yogo.

Gracias de corazón a mis amigos residentes de Villa Medici, con quienes viví un año incomparable.

A Éric de Chassey, que me recordó que este libro germinó en Roma.

A François Simon, que cada cierto tiempo me recordaba que *Nagori* estaba por escribir.

A Justine Landau, que siempre me acompaña a lo largo del camino.

A Paul Otchakovsky-Laurens.

ÍNDICE

OTROS TÍTULOS DE ESTA COLECCIÓN

Anna Banti
ARTEMISIA

El bombardeo nazi de Florencia en agosto de 1944 destruyó el manuscrito de la novela que Anna Banti había dedicado a la figura de Artemisia Gentileschi. Banti encontró en la gran pintora del Barroco (1593-1652/53), silenciada por una historia del arte eminentemente masculina, el símbolo universal de mujer luchadora y en incesante pugna por la reivindicación de su dignidad, y también una «compañera entre los escombros», una amiga imaginaria que compartía con ella la carga de una permanente desconfianza del entorno hacia sus cualidades. Así, poseída por la voz y la mirada de una mujer de hace más de trescientos años, Banti puso en pie una nueva obra, poliédrica y poética, escrita en dos tiempos y, en cierto sentido, contra el curso del tiempo y «su irreparable corriente». Un coro a dos voces: la de una mujer borrada por la Historia y la de otra que apuntala un presente en ruinas.

Artemisia, hija del pintor Orazio Gentileschi, compañero de Caravaggio, fue violada a los diecisiete años por su profesor de pintura, y humillada y torturada en un posterior juicio por estupro. Su venganza fue imponerse como artista, otorgando a las mujeres de sus lienzos (a Judit y a Susana, a Betsabé y a Lucrecia, a Cleopatra y a María Magdalena) un protagonismo incómodo y fascinante para su siglo, y que alcanzó un inaudito reconocimiento.

Con una escritura sensorial y medidamente culta, Banti reconstruye la cotidianidad de una pintora itinerante a la fuerza, pero también ahonda en la complejidad psíquica de una vida marcada por las ausencias. Lejos de limitarse a la observación imparcial, la literatura de Banti continúa, como un misterio mayor, allí donde la historia se detiene, como la pintura de la propia Artemisia, con una libertad pura surgida de unos tiempos miserables.

Una obra de profunda sabiduría moral y estilística, una de las cimas de la novela italiana del siglo xx.

Frank Victor Dawes
NUNCA DELANTE DE LOS CRIADOS

Son muchos los productos culturales que problematizan la relación que establecemos con las personas que realizan el trabajo doméstico en nuestras casas, desde la reciente película *Libertad* (Clara Roquet, 2021), la francesa *La ceremonia* (Claude Chabrol, 1995) o *Los santos inocentes* (Mario Camus, 1984), hasta la serie *La asistenta* (Molly Smith Metzler, 2021). Pero son los que idealizan ese mundo en la época victoriana, la serie *Downton Abbey* o la mítica *Arriba y abajo*, los que han logrado asentar en nuestro imaginario la idea de un plácido y ordenado universo basado en la eficacia, la entrega incondicional y la integridad de los *señores*: nada más lejos de la realidad. Frank Victor Dawes, hijo de una criada que, como tantas otras, comenzó a servir a la edad de trece años, quiso investigar, en pleno apogeo de la serie *Arriba y abajo* en la televisión británica, las razones de la ostensible disminución del número de personas empleadas en ese sector en el Reino Unido (del casi millón y medio hasta la Primera Guerra Mundial a los menos de cien mil de ese momento). Para ello publicó en 1972 un anuncio en el *Daily Telegraph* en el que solicitaba a cualquiera que hubiese trabajado como personal doméstico que le enviara cartas en las que contara sus vivencias. La respuesta fue tan abrumadora que dio lugar al fascinante recorrido que propone *Nunca delante de los criados*, un retrato del trabajo doméstico a lo largo de cien años a partir de los testimonios de sus protagonistas: doncellas, mayordomos, institutrices, cocineras, lacayos y también algunos empleadores. Los recuerdos que se desgranan en este libro son trágicos, cómicos, evocadores, ridículos y, a veces, crueles, y conforman una historia social decisiva que corrobora la idea de que desde siempre se les ha tenido por trabajadores e incluso seres humanos de segunda.

Obligados a entrar en el servicio por necesidad económica, cuando la garantía de techo y comida lo convertía en la opción laboral preferente para las clases desfavorecidas, los empleados del hogar abrigaban un sentimiento de rencor contra el doble rasero que veían a su alrededor: elaborados alimentos que sólo se les permitía comer cuando sobraba algo de la mesa de *arriba*; habitaciones bellamente amuebladas para la familia, comparadas con sus austeras buhardillas sin comodidades; largas e indefinidas jornadas aderezadas con el constante sonido de la campanilla, y pocas oportunidades de ocio y vida social o familiar. Clasismo e indefensión. Una existencia codificada hasta extremos inverosímiles, códigos que afectaban tanto al uniforme de trabajo como a la ropa de calle, y que exigían a los criados mutismo e invisibilidad cuando servían las cenas en el comedor *noble*. Las perspectivas y los niveles de vida de los patrones y de la servidumbre eran como la noche y el día: la vida en el servicio doméstico se parecía mucho a la vida en un convento.

Esta obra, tan entretenida como ilustrativa y desmitificadora, nos obliga a reflexionar sobre asuntos que tocan de lleno nuestro presente, como la precariedad laboral, la conciliación o el abuso sexual a las mujeres, y a determinar qué consideración social se les otorga a quienes, de forma delegada, se ocupan de los cuidados de nuestros seres queridos.